大学语文教学的多维探索

姜 华 著

中国纺织出版社有限公司

内 容 提 要

　　本书由大学语文教学概述、大学语文教学的理论基础、大学语文和谐课堂的创设、大学语文教学模式的创新、大学语文教学评价的优化等章节构成。全书对大学语文教学及其相关理论知识进行了阐述，强调了大学语文教学中和谐课堂的创设，在教学模式构建方面，提出了翻转课堂教学模式、合作学习教学模式、项目教学模式的创新，旨在推动大学语文教学的改革与发展。对大学语文教学、语文教育等相关的研究者和从业人员具有一定学习借鉴价值。

图书在版编目（CIP）数据

大学语文教学的多维探索 / 姜华著 . -- 北京：中国纺织出版社有限公司，2024.9. -- ISBN 978-7-5229-2122-8

Ⅰ . H193

中国国家版本馆 CIP 数据核字第 2024TW2032 号

责任编辑：房丽娜　　责任校对：王蕙莹　　责任印制：储志伟

中国纺织出版社有限公司出版发行
地址：北京市朝阳区百子湾东里 A407 号楼　邮政编码：100124
销售电话：010—67004422　传真：010—87155801
http://www.c-textilep.com
中国纺织出版社天猫旗舰店
官方微博 http://weibo.com/2119887771
天津千鹤文化传播有限公司印刷　各地新华书店经销
2024 年 9 月第 1 版第 1 次印刷
开本：710×1000　1/16　印张：7
字数：200 千字　定价：78.00 元

凡购本书，如有缺页、倒页、脱页，由本社图书营销中心调换

前　言

　　大学语文课程不仅是培养学生语言能力的基础，更是提升其人文素养和综合素质的重要途径。在当前社会，随着信息技术的快速发展和全球化进程的加快，高校语文教学面临着新的挑战和机遇。这种背景下，大学语文教学的内容、方法和评价方式都需要进行相应的改革与创新，以适应新时代的需求。本书旨在系统梳理和分析大学语文教学的理论基础、教学模式创新、和谐课堂创设以及教学评价优化等方面的内容，为高校语文教学提供科学的理论指导和实际操作的参考。力求在理论深度和实践操作上实现统一，为读者提供全面、系统、深入的大学语文教学研究。

　　全书共分为五章，第一章重点介绍了大学语文教学的历史沿革、定位与目标以及基本原则。第二章从人本主义学习理论、多元智力理论、建构主义理论以及系统科学理论四个方面，详细阐述了大学语文教学的理论依据。第三章从和谐课堂内涵阐释、创设原则、具体策略以及教学设计案例等方面，探讨了如何在大学语文教学中创建和谐的课堂环境，提升教学效果。第四章介绍了翻转课堂教学模式、合作学习教学模式以及项目教学模式在大学语文教学中的应用。第五章主要探讨了有效的评价体系的构建、教学评价指标以及评价方式的优化。

　　本书的特点在于在内容上紧跟时代潮流，密切关注大学语文教学的前沿动态，将最新的理论研究成果与实际教学案例相结合，使读者能够清晰地了解到当前大学语文教学的发展趋势和前沿动态。在结构上进行了精心设计，既有理论的阐述，又有实际案例的分析，使读者在阅读过程中能够循序渐进，系统地掌握大学语文教学的知识。并且从多个角度对大学语文教学进行了探讨，包括教学设计、教学模式创新、教学评价等，使读者能够全面、立体地了解大学语文教学的各个方面。

　　本书是大学语文教学及研究相关领域人员的必备读物，也可作为各类院校有关专业师生的参考书。书中内容深入浅出，既适合专业人士阅读，也适合对大学语文教学感兴趣的普通读者。总的来说，本书是一部兼具理论深度和实践价值的著作，对于从事大学语文教学的相关人员来说，具有很高的参考价值。

　　由于时间和水平有限，书中难免存在疏漏之处，恳请广大读者批评指正，以便我们在未来的研究中不断完善和提高。期望本书的出版能够为大学语文教学的研究与实践提供有价值的参考，推动大学语文教学的改革与发展，为培养具有高素质、综合能力的新时代人才贡献力量。

姜华

2024 年 4 月

目 录

第一章　大学语文教学概述 ··· 1
第一节　大学语文教学的历史沿革 ··································· 1
第二节　大学语文教学的定位与目标 ································· 4
第三节　大学语文教学的基本原则 ··································· 9

第二章　大学语文教学的理论基础 ··································· 14
第一节　人本主义学习理论 ·· 14
第二节　多元智力理论 ··· 17
第三节　建构主义理论 ··· 21
第四节　系统科学理论 ··· 25

第三章　大学语文和谐课堂的创设 ··································· 32
第一节　和谐课堂内涵阐释 ·· 32
第二节　大学语文和谐课堂的创设原则 ····························· 36
第三节　大学语文和谐课堂创设的具体策略 ······················· 40
第四节　大学语文和谐课堂教学设计案例 ·························· 47

第四章　大学语文教学模式的创新 ··································· 59
第一节　翻转课堂教学模式在大学语文教学中的应用 ············ 59
第二节　合作学习教学模式的探索 ································· 66
第三节　项目教学模式在大学语文教学中的实施 ·················· 74

第五章　大学语文教学评价的优化 ··································· 82
第一节　有效的评价体系的构建 ····································· 82

第二节　大学语文教学评价指标的优化 …………………………… 88
第三节　大学语文教学评价方式的优化 …………………………… 93

参考文献 ……………………………………………………………… 103

第一章　大学语文教学概述

第一节　大学语文教学的历史沿革

大学语文作为中国高等教育体系中的重要基础课程，其教学内容和方法随着时代的变迁不断演变。大学语文教学不仅承载着传授语言文学知识的功能，还肩负着培养学生人文素养、提升综合素质的重要使命。从民国时期的萌芽阶段到中华人民共和国成立初期的确立，再到改革开放后的调整与发展，以及21世纪以来的信息化和全球化背景下的创新与变革，大学语文教学历经风雨，逐步走向成熟。

一、奠基期（1912—1948年）

民国时期是中国社会剧变的重要时期，政治、经济、文化等方面发生了深刻的变革。在教育领域，西方教育理念逐渐传入，中国传统的私塾教育模式开始受到冲击。1912年，中华民国成立，教育部颁布了新的学制，开始设立大学语文课程。这一时期的大学语文教学主要受西方教育思想影响，注重学生的语言表达和文学欣赏能力。

民国初年，社会处于动荡之中，传统文化与现代文明之间的冲突日益明显。在这种背景下，教育改革成为时代的必然选择。新成立的大学和高等学府开始采用西方的教学模式，强调批判性思维和科学方法的训练。民国期间大学语文命名为大一国文。[1]1912年，中华民国临时政府成立后，迅速颁布了一系列教育改革政策，包括废除科举制度，推行现代学制。这一时期，大学语文课程开始在全国各地的高等院校设立，成为大学生必修的基础课程之一。1913年颁布的《大学规程》中提到文科要分设为四门学科，分别为哲学、文学、历史学、地理学，其中的文学一科就是现代大学语文课程的前身。[2]民国时期的大学语文教学主要受西方教育思想的影响。西方教育理念强调个性发

---

[1] 邹莉.大学语文向母语高等教育的转化探究[J].语文建设,2017(6)：78–80.
[2] 顾黄初.中国现代语文教育百年事典[M].上海：上海教育出版社,2001：14.

展、批判性思维和创造力培养，这与中国传统教育中的"填鸭式"教学形成鲜明对比。大学语文课程在教学目标上，注重学生的语言表达能力和文学欣赏能力，旨在培养学生的综合素质和人文素养。

1919年爆发的五四运动，是中国近代史上的重要事件，对中国的思想文化产生了深远的影响。新文化运动倡导民主和科学，提倡白话文，反对封建礼教和旧文化。受此影响，大学语文教学逐渐发生变化，白话文开始进入课堂，大学语文教学开始兼顾古典与现代文学。白话文的引入，使得文学作品更加贴近生活，学生更容易理解和接受。到1922年为止，全国教材编写基本上都采用语体文，高校中的文学课也开始采用白话文编写的教材。❶

民国时期的大学语文教学，不仅在课程内容和教学方法上取得了一定的成就，也为后来大学语文教育的发展奠定了基础。通过引入西方教育理念，注重学生的语言表达和文学欣赏能力，大学语文课程在培养学生综合素质和人文素养方面发挥了重要作用。虽然这一时期的大学语文教学还存在一些不足之处，但其在教学理念和实践上的探索，为后来的教育改革提供了宝贵的经验和启示。

二、缓慢发展期（1949—1977年）

中华人民共和国成立后，大学语文教育主要倾向于语文学科的思想性与思想教育功能。中华人民共和国成立初期的大学语文教学，不仅在课程设置和教学内容上取得了显著成就，还在教学方法和理念上进行了积极探索。通过以马克思主义文艺理论为指导，强调文学作品的思想性和社会功能，大学语文教学培养了一大批具有人文素养和社会责任感的优秀人才。这一时期的教学实践和经验，为后来大学语文教育的发展奠定了坚实的基础。

1952年我国在苏联教育模式的影响下进行了院系调整，当时的教育部将各类高校中的文科与工科、理科拆散开来，随之便出现了一大批的单科性院校，将原有的文、理、工、农、法、商、医等学科融合发展的一些综合性大学拆散。❷随着这一调整，大学语文这门课程不仅在理、工、农、医、法、商等单科院校里不再开设，连保存下来的多数文理合校的院系里也了无踪迹。这一中断，再加上"文革"，使这门原是当时高校里仅有的可以起到文理渗透、文化与科技交融作用，能培养大学生人文精神，营造大学文化氛围的基础课中断了二十余年。❸

---

❶ 张超超. 大学语文课程价值研究 [D]. 太原：山西大学，2014.
❷ 张隆华. 中国语文教育史纲 [M]. 长沙：湖南师范大学出版社，1991：7.
❸ 文智辉. 大学语文教育与教学研究 [M]. 长沙：湖南大学出版社，2019：72.

三、复兴发展期（1978—1999 年）

1978 年，中国实行改革开放政策，社会各领域开始焕发新的活力，教育领域也不例外。大学语文课程在经历了一段时间的停滞后，逐渐恢复并迎来了新的发展契机。1985 年，国家颁布了《高等自学考试大学语文考试大纲》和《大学语文课程统一考试命题试行大纲》，❶ 为大学语文课程的调整和发展指明了方向。在恢复初期，大学语文课程的建设主要集中在课程设置和教材编写上。高校纷纷恢复和设置大学语文课程，并着手编写新的教材。1980 年 10 月，全国大学语文研究会成立。1981 年，徐中玉先生主编的《大学语文》教材出版。1983 年，《大学语文自学读本》问世。到了 1984 年，大学语文课被划定为自学考试的必修课程。❷ 这一时期的大学语文课程内容以古代和现代文学作品为主，注重文学作品的欣赏和理解，培养学生的文学素养和语言能力。例如，唐诗宋词、元曲、明清小说等经典文学作品，以及鲁迅、茅盾、巴金等现代作家的代表作，成为课程的重要内容。

随着改革开放的深入和社会经济的快速发展，大学语文课程内容逐渐丰富，教学目标也随之扩展。除了传统的古代和现代文学作品，课程还开始融入文化、历史、哲学等多学科知识。这种跨学科的融合，不仅拓宽了学生的知识面，也提升了他们的综合素质和人文素养。改革开放后，大学语文教学方法也发生了显著变化，逐步从传统的"满堂灌"模式向多样化的教学方式转变。讲授与讨论相结合成为这一时期大学语文教学的重要特点。教师不仅在课堂上系统地讲授文学作品的内容和背景知识，还鼓励学生积极参与课堂讨论，发表自己的见解，培养他们的批判性思维和表达能力。

四、创新变革期（2000 年至今）

21 世纪以来，随着社会经济的发展和科学技术的进步，高等教育的目标从单一的知识传授转向综合素质的培养。大学语文教学也顺应这一趋势，注重培养学生的综合素质和跨学科知识的融合。教师不仅要传授文学知识，还要培养学生的思维能力、表达能力和创新能力。

在教学理念上，大学语文强调多元文化的理解和跨学科的融合。这一时期的教学理念受到了全球化和信息化的影响，教师们更加重视学生的多元文化背景和跨学科知识的培养。例如，在讲授文学作品时，教师不仅关注作品本身的文学价值，还引导学生从历史、哲学、社会学等多个角度进行分析和理解，培养学生的综合分析能力和跨学科思维。进入 21 世纪，大学语文课程

---

❶ 张隆华. 中国语文教育史纲 [M]. 长沙：湖南师范大学出版社, 1991：20.
❷ 张超超. 大学语文课程价值研究 [D]. 太原：山西大学, 2014.

内容更加丰富多样，涵盖中外文学经典、现代传媒作品、文化研究等多个方面。这种多元化和国际化的课程内容，不仅拓宽了学生的知识面，也提升了他们的文化素养和国际视野。在文学作品的选择上，课程不仅包括中国古代和现代文学作品，还引入了大量的外国文学经典。这些文学作品的引入，不仅丰富了课程内容，还帮助学生了解不同文化背景下的文学创作，培养他们的跨文化理解能力。现代传媒作品和文化研究也成为大学语文课程的重要内容。随着信息技术的发展和传媒业的兴起，现代传媒作品，如电影、电视剧、网络文学等，逐渐进入课堂。这些作品不仅反映了当代社会的现实问题和文化现象，也为学生提供了新的学习素材和研究对象。同时，文化研究作为一门跨学科的学科，也逐渐被纳入大学语文课程。通过对文化现象和文化产品的分析，学生能够深入理解文化的多样性和复杂性，提升他们的文化批判能力和文化创造力。

信息技术的迅猛发展对大学语文教学方法产生了深远影响，传统的教学模式逐渐被信息化和互动化的新型教学模式所取代，在线课程、翻转课堂、混合式学习等教学方法逐渐普及，使大学语文教学更加生动和高效。随着大学语文教学内容和方法的不断创新，教学评价体系也随之发生了变化。传统的考试评价方式逐渐被多样化和科学化的评价方式所取代，注重过程性评价和多维度评价。例如，除了期末考试，教师还通过课堂表现、小组讨论、论文写作等多种方式对学生进行综合评价。这种评价体系不仅注重学生的知识掌握情况，还关注他们的思维能力、表达能力和创新能力的发展。

第二节 大学语文教学的定位与目标

大学语文教学在高等教育中占据着重要位置，其教学定位与目标直接影响学生的综合素质和文化修养。通过准确的定位和科学的目标设定，大学语文教学不仅能传承和弘扬中华优秀文化，还能为学生的全面发展和社会责任感的培养提供坚实基础。

一、大学语文教学的定位

大学语文教学的定位包括工具性、人文性和基础性三个方面（图 1-1）。通过明确教学定位，可以更好地指导教学实践，培养全面发展的高素质人才。

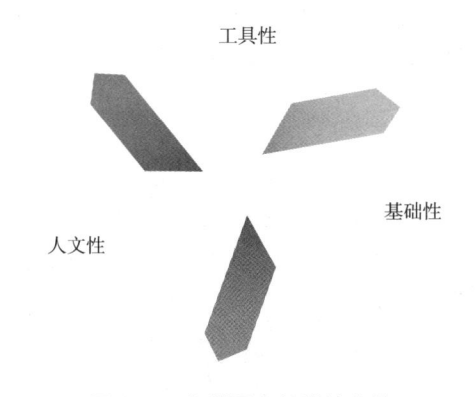

图 1-1　大学语文教学的定位

（一）工具性

大学语文课程具有重要的工具性作用，旨在提高学生的语言表达能力、阅读理解能力和写作能力，为其他学科学习和日常交流奠定基础。

工具性是大学语文教学最基本、最直观的功能。作为一种语言工具，语文在日常交流和学习过程中起着至关重要的作用。大学阶段，学生需要掌握大量专业知识，而这些知识的获取和表达离不开良好的语文基础。通过大学语文课程，学生可以系统地学习和掌握语法、修辞、逻辑等语言技能，提高其语言表达能力。阅读理解能力是工具性的重要组成部分。在现代社会，信息的获取和理解能力至关重要。大学语文课程通过对各种体裁和风格的文学作品的学习和分析，帮助学生提高阅读理解能力，使其能够更有效地获取和处理信息。写作能力是大学语文课程的另一重要目标。无论是在学术研究中，还是在未来的职业生涯中，良好的写作能力都是必不可少的。通过大学语文课程，学生可以系统地学习写作技巧，掌握各种文体的写作方法，提高其写作能力。

（二）人文性

大学语文不仅仅是语言技能的训练，更是人文素养的培养。通过对文学作品的阅读和分析，学生可以了解不同历史时期、不同文化背景下的社会风貌和人文精神。这种人文性的培养，不仅有助于学生形成正确的价值观和世界观，还能增强其对社会和人生的思考能力。

文学作品是人类文化的重要载体，承载着丰富的思想和情感。在大学语文课程中，通过对经典文学作品的学习，学生可以体会到人类在不同历史时期的思想和情感，增强其对人类文明的理解和认同。这种人文关怀，有助于培养学生的同理心和社会责任感，使其在未来的社会生活中，能够以更加宽容和理解的态度对待他人和社会。大学语文课程还通过文学作品的学习，帮助学生培养审美能力。

文学作品中的美学价值，不仅表现在语言的优美和结构的精巧，更体现在作品所表达的思想和情感的深度。通过对这些美学价值的感受和理解，学生可以提高其审美能力，丰富其精神生活。

（三）基础性

作为一种基础课程，大学语文不仅为学生提供了必要的语言工具，还在很大程度上影响着学生的思维方式和学习能力。良好的语文基础，有助于学生在其他学科的学习中更加顺利地理解和掌握知识。大学语文课程通过对经典文学作品的学习，培养学生的批判性思维和独立思考能力。在阅读和分析文学作品的过程中，学生需要对作者的思想和作品的内容进行深入的思考和评价。这种批判性思维的训练，有助于提高学生的分析能力和逻辑思维能力，使其在面对复杂问题时，能够更为理性和客观地进行分析和解决。

大学语文还在很大程度上影响着学生的文化修养。通过对中国传统文化和世界优秀文化的学习，学生可以形成良好的文化素养和人文情怀。这种文化修养，不仅有助于学生个人的成长和发展，还对其未来的社会生活和职业生涯有着深远的影响。

二、大学语文教学的目标

大学语文教学作为高等教育的重要组成部分，其目标不仅仅是教授学生基础的语言技能，更重要的是在多方面全面提升学生的综合素质。具体而言，大学语文教学的目标可以从以下几个方面进行详细阐述（图1-2）：

- 提升学生的语文素养
- 促进文化传承与创新
- 培养批判性思维
- 加强审美能力
- 提高综合素质

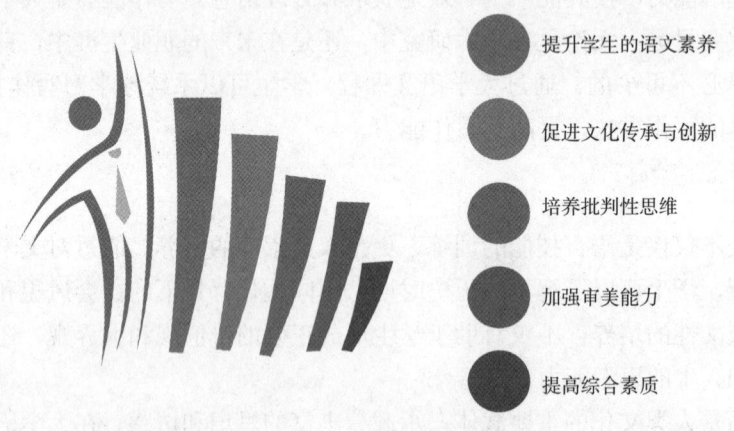

图1-2　大学语文教学的目标

（一）提升学生的语文素养

语文素养指的是学生在语文方面表现出的最基本的、比较稳定的、适应时代

发展要求的学识、能力、技艺和情感态度价值观。❶

其一，语言表达能力。大学语文课程通过系统的语言训练，帮助学生掌握科学的表达方法和技巧。语言表达能力不仅涵盖了人内在的语言能力和外显的语言知识，而且涵盖了实际的、动态的语言运用和人际交流的能力。❷ 通过各种形式的练习，如演讲、辩论、讨论等，学生可以在实践中不断提高自己的表达能力。通过阅读和分析优秀的文学作品，学生可以学习和借鉴作者的语言表达技巧，提升自己的语言水平。其二，阅读理解能力。现代社会是一个信息化社会，信息的获取和理解能力至关重要。大学语文课程通过对各种体裁和风格的文学作品的学习和分析，帮助学生提高阅读理解能力。教师通过指导学生阅读经典文学作品和现代优秀作品，引导学生从不同角度进行分析和理解，培养其批判性阅读的能力。在阅读过程中，学生不仅要理解字面意思，还要深入挖掘作品的思想内涵和情感表达，从而全面提升其阅读理解能力。其三，写作能力。无论是在学术研究中，还是在未来的职业生涯中，良好的写作能力都是必不可少的。大学语文课程通过系统的写作训练，帮助学生掌握各种文体的写作方法和技巧。教师通过讲解写作理论和实例分析，指导学生进行不同类型的写作练习，如记叙文、议论文、说明文等。同时，通过对学生写作的评改和反馈，帮助学生发现和改进写作中的问题，不断提高其写作水平。

（二）促进文化传承与创新

大学语文课程在文化传承与创新方面具有重要作用。通过经典文学作品的学习，学生不仅可以增强对中华文化的理解与认同，还能激发其文化创新意识。

中华文化博大精深，经典文学作品是其重要的组成部分。在大学语文课程中，通过系统学习和研读经典文学作品，学生可以深入了解中华文化的精髓。教师通过讲解经典作品的背景、内容和艺术特色，引导学生体会作品中的思想和情感，增强其对中华文化的认同感。例如，通过学习《红楼梦》《西游记》《论语》等经典作品，学生可以了解不同历史时期的社会风貌和人文精神，提升其文化素养。大学语文课程通过对经典文学作品的学习，帮助学生认识到中华文化的独特魅力和重要价值，增强其文化自信心。教师通过对比中外文化，引导学生认识到中华文化的独特性和优越性，从而增强其对中华文化的自豪感和认同感。同时，通过对优秀文学作品的分析和讨论，学生可以认识到中华文化的多样性和包容性，提升其文化素养和认同感。在传承中华优秀文化的基础上，大学语文课程还

---

❶ 马林莉.语文写作教学论支架式教学模式引导下的语文写作教学研究[M].吉林出版集团股份有限公司,2016：141.

❷ 刘淑学,于亮.汉语语言能力标准制定刍议[J].江苏师范大学学报(哲学社会科学版),2013(5)：84–87.

注重培养学生的创新意识和能力。教师通过鼓励学生对经典作品进行创新性解读和改编，激发其创造性思维。例如，通过组织文学创作比赛、戏剧表演等活动，学生可以在实践中运用所学知识，进行文学创新。同时，通过对现代文学作品和文化现象的分析和讨论，学生可以认识到文化创新的重要性，增强其文化创新意识和能力。

（三）培养批判性思维

批判性思维是一种具有合理性与反思性的思维，是对命题作出理性审辩思想和科学评判的思维范式。❶培养学生的批判性思维是大学语文教学的重要目标之一。

大学语文课程通过对各种体裁和风格的文学作品的学习和分析，引导学生进行深入思考和评价。在阅读过程中，学生不仅要理解作品的表层意思，还要深入挖掘作品的思想内涵和情感表达。这种深入的阅读和分析，有助于培养学生的批判性思维能力。通过对小说、诗歌、戏剧等作品的分析，学生可以从不同角度进行思考和评价，提升其批判性思维能力。在大学语文课程中，教师还可以通过组织学生进行讨论和辩论，帮助其培养批判性思维。在讨论和辩论过程中，学生需要对不同观点进行分析和评价，提出自己的看法和论据。这种互动性的学习方式，有助于提高学生的独立思考能力和逻辑思维能力。例如，通过对某一文学作品的主题、人物和情节的讨论，学生可以深入思考和分析作品的内涵，提升其批判性思维能力。大学语文课程通过写作训练，帮助学生在写作过程中进行深入思考和分析。教师通过指导学生进行不同类型的写作练习，如议论文、评论等，帮助其在写作中运用批判性思维。

（四）加强审美能力

审美能力是指个体在面对美的事物时，能够进行感受、欣赏和评价的能力，是人文素养的重要组成部分。

通过对各种体裁和风格的文学作品的鉴赏，大学语文能够引导学生感受和理解作品中的美学价值。在文学鉴赏过程中，学生可以通过欣赏作品中的语言美、结构美和意境美，提升其审美能力。例如，通过对古典诗歌、现代散文、戏剧等作品的鉴赏，学生可以感受到作品中的艺术魅力，提升其审美水平。通过组织学生进行艺术表现活动，如朗读、表演、创作等，能够帮助其在实践中感受和理解美的内涵。在这些活动中，学生不仅可以运用所学知识进行艺术创作，还可以通过与他人的交流和互动，提升其审美能力和艺术表现力。例如，通过朗读经典诗歌，学生可以感受到语言的韵律美和情感美；通过戏剧表演，学生可以体会到人物形象和情节发展的美学价值。大学语文课程还可以通过讲解和分析美学理论，

---

❶ 张朝昌.语文思维学[M].北京：九州出版社,2023：257.

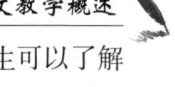

帮助学生掌握审美的基本原理和方法。在学习美学理论的过程中，学生可以了解美的本质、特点和表现形式，提升其审美素养和审美判断力。例如，通过学习美学理论，学生可以理解文学作品中的美学价值，提升其鉴赏能力和审美水平。

（五）提高综合素质

大学语文课程通过对文学作品的学习和人文知识的积累，帮助学生形成良好的人文素养。通过阅读和分析经典文学作品，学生可以了解不同历史时期、不同文化背景下的人文精神和社会风貌，提升其人文素养。通过对社会问题和现实生活的关注，帮助学生形成正确的价值观和社会责任感。在课堂上，教师通过讲解和讨论社会问题，引导学生思考和分析社会现象，提升其社会责任感。例如，通过对现代文学作品的学习，学生可以认识到社会中的各种问题和矛盾，增强其社会责任感和公民意识。系统的语言训练和写作训练，能够帮助学生掌握职业所需的基本技能和素养。良好的语言表达能力、阅读理解能力和写作能力，不仅有助于学生在学术研究中取得成功，还对其未来的职业生涯有着重要影响。例如，通过写作训练，学生可以掌握科学的写作方法和技巧，提升其职业素养和竞争力。

第三节　大学语文教学的基本原则

在大学语文教学中，遵循一定的教学原则不仅有助于提高教学质量，还能有效培养学生的综合素质和人文修养。下面详细探讨大学语文教学中的四大基本原则：工具性与人文性统一的原则、阅读与写作并重的原则、文道统一的原则以及文史哲整合的原则（图1-3）。这些原则不仅强调语文教学的基础知识传授，更注重学生人文素养的培养，旨在通过全面系统的教学方法和策略，提升学生的语言能力和文化素质，促进他们全面发展。

工具性与人文性统一的原则

阅读与写作并重的原则

文道统一的原则

文史哲整合的原则

图1-3　大学语文教学的基本原则

一、工具性与人文性统一的原则

工具性与人文性统一的原则在大学语文教学中占有核心地位,旨在体现语文教育的双重任务。一方面,语文作为基本的沟通工具,承担着传递思想、情感以及促进学术探索和日常交流的职能。另一方面,作为人文学科的重要组成部分,语文教育也致力于文化传承、价值观培养和人文素养的提升。在高等教育的背景下,语文的工具性尤为重要。学生通过系统学习语文,不仅能掌握听、说、读、写等基础技能,更能在更高层次上进行复杂的思维表达和学术交流。例如,在学术写作中,精准有效的语言运用是清晰表达观点和进行逻辑论证的关键,对学术研究和职业发展至关重要。日常交流中良好的语言表达能力是建立人际关系和职业发展的基石。语文教育在人文素养培养方面的作用不容忽视。通过阅读和分析经典文学作品,学生不仅可以体验语言的艺术美感,还可以深入探讨不同文化和历史背景下的人类经验与价值观。文学作品中的人物形象、情节发展和主题思想常常激发学生对人性、社会和生命的反思,培养他们的同理心和道德判断能力。深入研究古典与现代文学,学生将学到各种文体和表达技巧,并探讨作品中的深层哲学和伦理问题,如自由、正义、爱情和死亡等。

将工具性与人文性统一的教学原则融入大学语文教学实践中,意味着教学过程需注重语言与文化的内在联系。语言不仅是表达思想的工具,也是承载和传递文化的重要介质。教师在教学中可以整合历史、哲学、艺术等多学科知识,帮助学生理解语言在不同文化和社会背景中的多样性和复杂性。通过比较不同时代和文化背景下的文学作品,学生能全面理解语言和文化的演变与多样性。大学语文要坚守工具性与人文性相统一的根本属性,充分激活和挖掘大学语文蕴含的多重价值资源,充分呼应高等教育改革和实际人才培养的需要,为培养德智体美劳全面发展的社会主义建设者和接班人发挥应有作用。[1]

二、阅读与写作并重的原则

阅读与写作并重的原则突出了在大学语文教学中,为全面提升学生的语文能力,应同等重视阅读和写作两个方面的教学。这一原则旨在均衡发展学生的阅读理解和表达写作技巧。

阅读是语文教学的基石,它是学生获取信息、知识的主途径,并且对提高学生的理解力和审美观察力起到关键作用。在大学教学中,阅读应超越基本的文字解读,拓展至对复杂文本的深度分析和批判性评估。这包括文学作品、学术文章和历史文献等多种类型文本的阅读与理解。通过深入研究这些内容,学生不仅能积累丰富的知识和信息,而且能够提升自己的批判性思维和文化理解力。写作

---

[1] 乔芳. 大学语文 [M]. 镇江:江苏大学出版社,2020:6.

是语文能力的重要组成部分，它是思考的具体表达和创造性思维的重要途径。在大学语文教学中，写作教学不仅关注语法和结构的基本技能，更强调引导学生开展创造性和批判性的写作。学生在学习写作时，不仅需要掌握如何清晰、逻辑性地表达思想，还要学会在写作中提出独到见解、有效论证，并展示个人的风格和特色。通过写作，学生可以加深对学习内容的理解与应用，同时提升创造力和批判力。

为实现阅读与写作并重的原则，教师需采用多样化的教学策略。通过设计有吸引力的阅读材料和任务，教师可以激发学生的阅读兴趣，提升其阅读技巧。这些材料不仅包括传统的文学作品，还应涵盖现代文学、新闻报道、学术论文等不同类型的文本，以及跨文化和跨学科的阅读内容。这样的广泛阅读可以使学生获得多元化的视角和思维方式。在写作教学方面，教师应鼓励学生通过各种写作任务来表达自己的思想和观点，如论文、创意写作和批判性写作等。教师应为学生提供具体的写作指导和反馈，帮助他们提升写作技巧和作品质量。同时，鼓励学生在写作中进行自我表达和风格探索，进一步发展个人的写作风格。

三、文道统一的原则

文道统一指的是文章内部的思想和它的语言表达形式能够达到完美一致，这是语文的基本技能，需要教师和学生在开展语文学习教育的过程中兼顾语文训练和思想方面的教育。❶ 文学不仅展示语言的艺术，也是传递道德和哲学思想的媒介。在文道统一的引导下，教学不只是文学知识与技巧的传授，更重视学生的道德教育与人文素养的提升。文学作品背后蕴含的深刻道德观念和人生哲理，通过学习和分析，能够增强学生对社会现实、人性探索和道德思考的理解。例如，研究古典与现代文学作品，帮助学生了解不同历史时期的社会风貌与文化背景，同时获得道德启示和人文知识。

文道统一的原则强调在语文课堂上，教师应引导学生体会和理解文学作品中的情感和价值取向，通过情感共鸣帮助他们形成正确的价值观和人生观。这种教学方式不仅传授文学知识，还全面培养学生的情感、道德和人文素养。同时，文道统一还包括对学生社会责任感和公民意识的培养，使语文教学不仅仅局限于语言技能的提升，还应关注学生的全面发展。文道统一的教学原则还体现在教学内容的选择和安排上。教师应根据学生的认知水平和兴趣爱好，选择那些既具有文学艺术价值又富含道德哲理的作品。在教学评价上，文道统一的原则也有重要的体现。教学评价不仅要考查学生对文学知识和技能的掌握情况，更要关注他们在道德判断和人文素养方面的进步。教师应通过多种形式的评价，如

❶ 侯丹.大学语文创新教育研究[M].长春：吉林人民出版社,2018：79—80.

课堂讨论、论文写作、项目报告等，全面评估学生的学习成果，帮助他们在文学学习中不断提升自己的综合素质。例如，通过文学评论写作，评估学生对作品的理解和分析能力，以及他们在评论中体现的道德观念和价值判断；通过小组讨论，评估学生的合作能力和沟通技巧，以及他们在讨论中展现的思维深度和情感共鸣。

文道统一的原则不仅是语文教学的基本原则，也是提升学生综合素质和人文修养的重要途径。在教学实践中，教师应牢牢把握这一原则，通过精心设计的教学活动和灵活多样的教学方法，引导学生在文学学习中不断提升自己的语言表达能力、道德判断力和人文素养。只有这样，才能真正实现语文教学的育人目标，培养出具有高尚道德情操和丰富人文素养的新时代人才。

四、文史哲整合的原则

文史哲整合的原则强调语文教育应跨越传统的语言学习，整合文学、历史、哲学等多学科知识，为学生提供一个全面和深入的教育体验。通过这种跨学科的整合，学生不仅能提升自身的语文能力，还能在更广泛的知识领域中形成深刻的理解和丰富的思考。文学、历史和哲学是人文学科的三大支柱，每个学科都有其独特的特色和研究方法。文学强调情感的表达和审美的创造；历史侧重于事件的记录和时代的解读；哲学专注于逻辑推理和概念分析。在大学语文教学中，将这三者有效结合，可以帮助学生全面理解文学作品，深入探讨作品的时代背景、思想观念和道德议题。

文史哲整合的原则首先体现在文学与历史的结合上。文学作品往往反映了特定历史时期的社会状况和文化背景，通过研究文学作品中的历史元素，学生可以更好地理解作品的创作背景和意义。例如，在教授《红楼梦》时，教师可以通过介绍清代的社会制度、家庭结构和文化习俗，帮助学生理解书中人物的行为动机和情感变化。这样的教学不仅有助于加深学生对文学作品的理解，还能增强他们的历史意识和文化认同感。通过结合历史教学，学生可以更好地理解文学作品中的社会背景和人物命运。历史背景的介绍可以使学生认识到文学作品不仅仅是作家个人情感的表达，更是特定时代社会现实的反映。文史哲整合的原则还体现在文学与哲学的结合上。文学作品中蕴含着丰富的哲学思想和人生智慧，通过研究文学作品中的哲学元素，学生可以提升自己的哲学素养和思辨能力。例如，在教授莎士比亚的《哈姆雷特》时，教师可以引导学生思考其中的存在主义思想和人生命题，帮助他们理解哈姆雷特的内心矛盾和行为选择。这样的教学不仅有助于学生更好地理解作品的深刻内涵，还能培养他们的哲学思维和人生观。文史哲整合的原则还要求教师在教学内容的选择和安排上注重多学科知识的交叉渗透。教师应根据学生的认知水平和兴趣爱好，选择那些既具有文学艺术价值又富含历史和哲学意义的作品。例如，选取孔子的《论语》，不仅可以让学生感受儒家思想的智慧，还能通过对历史背景的介绍，帮助学生理解孔子在特定历史时期的思想贡献。这样的选择不仅有助于学生更好地理解和掌握文学知识，也能通过深入的思考和讨论，增强他们的历史意识和哲学素养。

　　文史哲整合的原则不仅是语文教学的基本原则，也是提升学生综合素质和人文修养的重要途径。在教学实践中，教师应牢牢把握这一原则，通过精心设计的教学活动和灵活多样的教学方法，引导学生在文学学习中不断提升自己的语言表达能力、历史意识和哲学素养。只有这样，才能真正实现语文教学的育人目标，培养出具有高尚道德情操和丰富人文素养的新时代人才。通过文史哲整合的原则，学生可以在文学学习中获得更为全面和深刻的知识与能力。教师在教学过程中，应注重引导学生理解文学作品中的历史背景、社会现实和哲学思想，通过多角度、多层次的教学方法，帮助学生在文学的世界中探索人类文明的智慧和价值。这不仅有助于提升学生的语言能力和文学素养，还能培养他们的历史意识、哲学思维和文化认同感，使他们在全面发展的道路上走得更远、更好。

第二章　大学语文教学的理论基础

第一节　人本主义学习理论

一、人本主义学习理论概述

人本主义学习理论是基于 20 世纪中叶人本主义心理学的发展，特别是受到亚伯拉罕·马斯洛（Abraham Maslow）和卡尔·罗杰斯（Carl Rogers）理论的影响。该理论主张教育应致力于满足个体的内在需求，促进学生的自我实现和全面发展。它反对传统教育的标准化和一致性，强调教育应当适应每个学生的独特需求，尊重他们的个性和自主性。

人本主义学习理论中，"自我实现"是一个核心概念。该理论认为每个人内在都有实现自身最大潜能的动力。因此，教育的目标应是帮助学生发掘并发展这种潜能，而教师的角色应转变为学生自我发现的引导者和支持者。这包括创建一个支持性的学习环境，其中不仅包括知识的传递，还有对学生情感的理解和尊重。人本主义教育不仅仅关注认知发展，同样重视情感、社会互动以及道德和行为模式的培养。它主张教育应当促进学生在多个层面上的均衡发展，使学习过程不仅仅是知识的积累，而是个体整体性成长的过程。

二、人本主义学习理论的主要内容

人本主义学习理论为教育提供了一个更加以学生为中心的视角，强调教育的目的不仅在于知识传递，更在于支持学生的全面发展和自我实现。人本主义理论的主要内容包括：其一，学生为中心的教学。人本主义学习理论强调教育应以学生的需求、兴趣和个性为出发点。这一观点要求教师从传统的知识传授者转变为学生学习的引导者和支持者，关注学生的全面发展。教育过程中，教师应提供灵活多样的教学方法和内容，允许学生根据个人兴趣选择学习路径，从而实现个性化学习。教学应鼓励学生自我探索和表达，帮助他们发展独立思考和自主学习能力。其二，自我实现与个体发展。人本主义学习理论认为教育的最终目的是帮助学生实现自我价值，追求个体的全面发展。教育应关注学生的心理需求，促进其自我认知、自我尊重和自我实现。其三，全人教育。人本主义学习理论倡导全人教育，即不仅关注学生的智力发展，还要关注其情感、社会和道德发展。其四，学习环境的创设。人本主义学习理论强调学习环境对学生发展的重要性。一个良好的学习环境应当是安全、温暖和支持性的，能够激发学生的好奇心和探索欲（表2-1）。

表2-1 人本主义学习理论的主要内容

主要内容	内涵	关键点	目标
学生为中心的教学	以学生的需求、兴趣和个性为出发点	教师为引导者和支持者，提供灵活多样的教学方法和内容，允许学生选择学习路径，鼓励自我探索和表达	发展独立思考和自主学习能力，实现个性化学习
自我实现与个体发展	帮助学生实现自我价值，追求全面发展	关注心理需求，促进自我认知、自我尊重和自我实现	实现学生的全面发展
全人教育	关注学生的智力、情感、社会和道德发展	综合素质培养	提升学生的综合素养
学习环境的创设	强调学习环境对学生发展的重要性	安全、温暖和支持性的环境，激发学生的好奇心和探索欲	促进学生积极参与学习

三、人本主义学习理论在大学语文教学中的应用

随着教育理念的演变和学生需求的多样化，传统教学模式已经不足以满足现代教育的需求。在这种背景下，人本主义学习理论为大学语文教学提供了一种新的视角和方法，强调在学习过程中重视学生个性的发展和情感的参与，这对构建一个更加高效、互动和全面的语文教学环境至关重要。

（一）构建以学生为中心的教学环境

人本主义学习理论倡导的教学环境以学生的需求、兴趣和个性为核心。在这种环境中，教师角色从传统的知识传递者转变为学习的促进者和支持者。实施这一策略首先需要教师深入了解每位学生的特点，这可以通过调查问卷、个别访谈或课堂观察等方式完成。对学生进行充分了解后，教师应根据学生的兴趣定制教学内容。例如，对表现出对现代文学兴趣的学生，可以增加现代文学作品的比重。教师应设计与学生生活背景紧密相关的课堂活动，以提升学习的相关性和吸

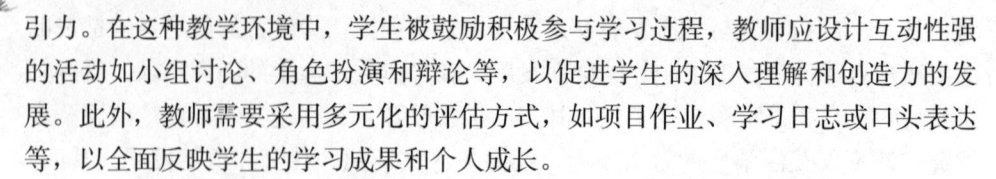

引力。在这种教学环境中，学生被鼓励积极参与学习过程，教师应设计互动性强的活动如小组讨论、角色扮演和辩论等，以促进学生的深入理解和创造力的发展。此外，教师需要采用多元化的评估方式，如项目作业、学习日志或口头表达等，以全面反映学生的学习成果和个人成长。

（二）推进整体性学习

整体性学习是一种教育理念，它强调在教学过程中不仅要关注学生的智力发展，还要关注他们的情感、社交和道德培养。这种方法认为教育应该促进学生全面而均衡地发展。在大学语文教学中，这意味着教师需要将文学知识的教学与培养学生的人文素养和批判性思维能力结合起来。

教师可以通过多种方式实施整体性教学。可以通过文学作品探讨其背后的社会、历史背景及其深层主题。例如，在教授《红楼梦》时，教师不仅讲述其文学价值，还可以引导学生探讨作品反映的社会问题和作者的人生观念。这种教学不仅加深学生对文学的理解，还激发他们的创造性和批判性思维。教师应鼓励学生表达个人感受和观点。通过写作、讨论和其他形式的表达，学生可以探索和表达自己对文学作品的感受和见解。这不仅帮助学生建立与文学作品的情感联系，还促进了他们的情感表达能力和同理心。通过组织小组讨论、角色扮演和其他互动活动，可以提高学生的社交技能。例如，通过模拟文学作品中的场景或人物，学生可以更好地理解人物的动机和情感，同时提高自己的表达和沟通能力。教师还可以通过探讨文学作品中的道德和伦理问题，引导学生形成健全的价值观和道德观。这种讨论可以帮助学生理解不同的道德观念，并在现实生活中做出更为明智的决策。

整体性学习的实施不仅能够提高学生的学术成就，还能促进他们的个人成长和社会适应能力，最终培养出全面发展的个体。

（三）情感在学习中的角色

情感在学习过程中的作用不容忽视，特别是在文学教学中，情感的参与对于加深学生对文学作品的理解和鉴赏具有至关重要的作用。情感教学的目的是通过激发学生的情感共鸣，提高他们的学习兴趣和文学理解能力。在教学中，教师可以通过讨论文学作品中的情感主题来激发学生的情感共鸣。例如，在分析诗歌时，教师可以引导学生探讨诗中表达的情感和作者的情感经历，使学生能够更深入地理解诗歌的含义和美学价值。通过情感的共鸣，学生不仅能更好地理解文学作品，还能学习如何表达自己的情感，这对他们的个人发展极为重要。教师应鼓励学生探索和表达自己的情感体验。这可以通过写作、绘画或其他形式的艺术表达来实现。通过这些活动，学生可以探索自己的内心世界，表达自己对文学作品的感受和想法，从而提高他们的情感智力和创造力。情感在学习中的角色还包括提升学生的同理心和社会技能。通过与他人分享自己的情感体验，学生可以学习如何理解和尊重他人的感受，这是社会交往中不可或缺的能力。

（四）自主学习与自我实现的促进

教师可以通过提供多样化的学习材料和活动来支持学生的自主学习。这些材料和活动应该覆盖广泛的主题和风格，以适应不同学生的兴趣和学习需求。例如，教师可以提供不同类型的文学作品，从古典到现代，从诗歌到小说，让学生根据自己的兴趣选择阅读和研究的内容。教师应促进学生参与课堂讨论的策划和组织。这不仅增强了学生的学习动力，还帮助他们发展领导力和团队协作能力。通过这种方式，学生可以学习如何有效地与他人交流和合作，这些技能对他们未来的职业生涯和社会生活都是非常重要的。自主学习还涉及自我实现的追求，通过追求知识和个人兴趣的深入，学生可以探索自我、发现个人激情，并为未来的职业规划和终身学习打下基础。教师应鼓励学生设定自己的学习目标和计划，支持他们在学习过程中不断寻求个人成长和满足。

第二节　多元智力理论

一、多元智力理论概述

多元智力理论由美国哈佛大学心理学家霍华德·加德纳（Howard Gardner）于1983年在他的著作《智力的结构》中首次提出。这一理论对传统的智力观念提出了挑战，认为智力不仅仅局限于语言和逻辑数学能力，而是由多种不同的智力类型构成。这一理论强调智力的多样性和文化背景对智力的影响，主张每个人都拥有多种智力类型，并且每种智力在特定情境中都有独特的表现形式。加德纳认为，多元智力理论中的每种智力类型都是相对独立的，但它们在实践中往往相互作用，共同构成个体的综合能力。多元智力理论的提出为教育实践提供了新的视角和方法，特别是在大学语文教学中，可以通过多元化的教学策略，满足学生的多样化需求，促进他们的全面发展。

二、多元智力理论的主要内容

多元治理理论的主要内容包括：其一，语言智力。语言智力指的是个体在使用语言进行交流和表达方面的能力。这种智力类型包括口头表达能力、写作能力、阅读理解能力和倾听能力。具有高语言智力的学生通常在文学、写作和辩论等方面表现出色。他们能够通过语言清晰地表达自己的思想和情感，并能敏锐地理解他人的言语和文字。其二，逻辑—数学智力。逻辑—数学智力是指个体在逻辑推理和数学运算方面的能力。这种智力类型包括分析问题、进行逻辑推理、识别模式和解决数学问题的能力。具有高逻辑—数学智力的学生通常在科学、数学和技术领域表现优异。他们擅长系统地思考，能够有效地解决复杂问题，并能发现事物之间的规律和联系。其三，空间智力。空间智力是指个体在脑海中构建和操作空间关系的能力。这种智力类型包括视觉化思维、图形辨识、空间感知和方向感。具有高空间智力的学生通常在艺术、建筑、设计和导航等领域表现突出。他们能够通过视觉和空间的方式理解和表达复杂的信息。其四，音乐智力。音乐智力是指个体在感知、创造和表达音乐方面的能力。这种智力类型包括节奏感、音高辨识、旋律记忆和音乐创作能力。具有高音乐智力的学生通常在音乐演奏、作曲和音乐欣赏等方面表现优异。他们能够敏锐地感受和理解音乐，并能通过音乐表达情感和思想。其五，身体—动觉智力。身体—动觉智力是指个体通过身体运动和协调解决问题或创造产品的能力。这种智力类型包括手眼协调、身体控制、运动技巧和手工艺能力。具有高身体—动觉智力的学生通常在体育、舞蹈、手工艺和表演等领域表现出色。他们能够通过身体动作有效地表达自己，并能精确地控制和运用身体。其六，人际智力。人际智力是指个体理解和与他人有效互动的能力。这种智力类型包括同理心、沟通技巧、合作能力和领导力。具有高人际智力的学生通常在人际交往、团队合作和社会活动中表现突出。他们能够敏锐地感知他人的情感和需求，并能通过有效的沟通和合作建立良好的人际关系。其七，内省智力。内省智力是指个体自我认知和调节的能力。这种智力类型包括自我反思、自我理解、自我调节和目标设定能力。具有高内省智力的学生通常在自我管理、个人成长和心理健康方面表现优异。他们能够深刻地认识自己，并能有效地调节自己的情绪和行为，制定并实现个人目标。其八，自然观察者智力。自然观察者智力是指个体识别和分类自然界中事物的能力。这种智力类型包括观察自然现象、识别动植物和理解生态系统的能力。具有高自然观察者智力的学生通常在生物学、生态学、环境科学和农学等领域表现突出。他们能够敏锐地观察和理解自然界中的各种现象，并能将这种理解应用于实际生活中（表2-2）。

表 2-2　多元智力理论的主要内容

智力类型	定义	能力特点	表现领域	典型特征
语言智力	个体在使用语言进行交流和表达方面的能力	口头表达、写作、阅读理解、倾听	文学、写作、辩论	擅长表达思想和情感，敏锐理解言语和文字
逻辑—数学智力	个体在逻辑推理和数学运算方面的能力	分析问题、逻辑推理、识别模式、解决数学问题	科学、数学、技术	系统思考，有效解决复杂问题，发现规律
空间智力	个体在脑海中构建和操作空间关系的能力	视觉化思维、图形辨识、空间感知、方向感	艺术、建筑、设计、导航	通过视觉和空间理解和表达复杂信息
音乐智力	个体在感知、创造和表达音乐方面的能力	节奏感、音高辨识、旋律记忆、音乐创作	音乐演奏、作曲、音乐欣赏	敏锐感受和理解音乐，通过音乐表达情感
身体—动觉智力	个体通过身体运动和协调解决问题或创造产品的能力	手眼协调、身体控制、运动技巧、手工艺	体育、舞蹈、手工艺、表演	通过身体动作表达自己，精确控制和运用身体
人际智力	个体理解和与他人有效互动的能力	同理心、沟通技巧、合作能力、领导力	人际交往、团队合作、社会活动	敏锐感知他人情感和需求，有效沟通和合作
内省智力	个体自我认知和调节的能力	自我反思、自我理解、自我调节、目标设定	自我管理、个人成长、心理健康	深刻认识自己，有效调节情绪和行为
自然观察者智力	个体识别和分类自然界中事物的能力	观察自然现象、识别动植物、理解生态系统	生物学、生态学、环境科学、农学	敏锐观察和理解自然现象，应用于实际生活

三、多元智力理论在大学语文教学中的应用

在大学语文教学中，应用多元智力理论有助于设计更加灵活和丰富的教学策略，提高教学效果和学生的学习兴趣。

（一）教学设计与课程设置

根据多元智力理论，大学语文教学应设计多样化的教学活动，以满足不同智力类型学生的需求。教学设计应注重结合多种智力类型，提供丰富的教学内容和活动形式，促进学生的全面发展。在课程设置上，教师可以根据多元智力理论，

设计多样化的课程模块和学习任务。例如，设置文学作品的写作和创作模块，培养学生的语言智力和创造力；设置文学作品的结构分析和主题讨论模块，培养学生的逻辑—数学智力和批判性思维；设置文学作品的音乐欣赏和表演模块，培养学生的音乐智力和审美能力。

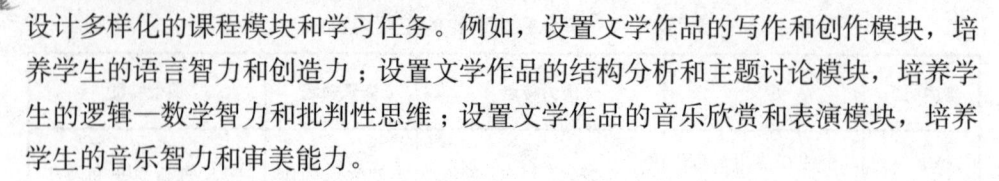

（二）个性化教学策略

多元智力理论强调个性化教学的重要性，教师应根据学生的智力类型和学习风格，提供差异化的教学支持。在具体教学过程中，教师应注重观察和了解每个学生的智力类型和学习风格，通过个性化的教学策略，提高学生的学习效果和参与度。例如，对于具有高语言智力的学生，教师可以提供更多的写作和阅读机会；对于具有高身体—动觉智力的学生，教师可以安排更多的实践活动和体验式学习；对于具有高音乐智力的学生，教师可以通过音乐作品和节奏分析来帮助他们理解文学作品。

（三）多元化的评价方式

在大学语文教学中，评价方式应多样化，以全面反映学生的学习成果和能力。多元化的评价方式可以帮助教师更准确地了解学生的优势和不足，制定针对性的教学策略，促进学生的全面发展。例如，通过语言表达评价，评估学生的写作和口头表达能力；通过逻辑推理评价，评估学生的分析和批判性思维能力；通过创意作品评价，评估学生的创造力和综合能力；通过合作学习评价，评估学生的人际交往和团队合作能力；通过自我反思评价，评估学生的内省能力和自我认知水平。

（四）促进学生全面发展

多元智力理论的应用，有助于促进学生在不同智力领域的全面发展。在大学语文教学中，教师应注重培养学生的多种智力，通过多样化的教学活动和评价方式，促进学生在各个智力领域的均衡发展。例如，通过戏剧表演和角色扮演，培养学生的身体—动觉智力和创造力；通过小组讨论和合作学习，培养学生的人际智力和团队合作能力；通过反思日记和自我评估，促进学生的内省智力和自我认知能力。

（五）提升学生学习兴趣和参与度

多元智力理论强调个性化教学和多样化的教学活动，有助于提升学生的学习兴趣和参与度。在大学语文教学中，教师应注重设计多样化的教学活动，以满足不同智力类型学生的需求，提高他们的学习兴趣和参与度。例如，通过组织文学作品的戏剧表演和角色扮演，吸引具有高身体—动觉智力和创造力的学生参与；通过设计文学作品的结构分析和主题讨论，吸引具有高逻辑—数学智力和批判性思维的学生参与。

（六）提高教学效果和质量

多元智力理论的应用，有助于提高大学语文教学的效果和质量。在大学语文教学中，教师应注重运用多元智力理论，设计多样化的教学活动和评价方式，提高教学效果和质量。例如，通过综合运用语言智力、逻辑—数学智力和内省智力，设计全面的文学作品分析和主题讨论，提高学生的批判性思维和综合能力；通过结合音乐智力和身体—动觉智力，设计生动有趣的文学作品表演和创作活动，提高学生的审美能力和创造力。

第三节　建构主义理论

一、建构主义理论概述

建构主义理论是20世纪由瑞士心理学家皮亚杰、苏联教育家维果茨基等人提出的一种关于学习和认知发展的理论。建构主义强调，学习是一个主动的建构过程，学习者通过与环境的互动，在已有知识的基础上建构新的知识结构。建构主义理论对传统的教育模式提出了挑战，认为学习不仅是信息的传递和接收，更是知识的主动建构和意义的生成。建构主义理论的主要观点包括：学习者不是被动地接收外界信息，而是主动地在已有知识基础上建构新知识。学习是一个不断调整和优化认知结构的过程；学习不仅是个体的认知活动，也是社会活动。通过与他人互动，学习者可以获得不同的视角，促进知识的深度理解和内化；知识的学习和应用应在具体情境中进行。通过解决真实问题，学习者能够将抽象知识与实际应用结合起来，增强学习效果；学习的目标是生成个人对知识的理解和意义，而不是简单记忆和重复外界信息。建构主义理论对教育实践产生了深远影响，推动了教育模式从教师中心向学生中心的转变，强调通过探究和合作学习，促进学生的主动性和创造性。

二、建构主义理论的教学思想

建构主义理论自提出以来对教育教学领域产生了深远的影响。该理论强调知识的动态建构过程，认为学习是学习者主动构建知识意义的过程，而不是被动接受信息的过程。教学过程中，教师不再是知识的权威和传递者，而是学生学习的引导者和促进者。这一教学思想为课堂教学注入了新的活力，促使教师重新思考教学方法和策略，更加关注学生的个体差异和学习需求（表 2–3）。

表 2–3　建构主义理论的教学思想

教学思想	定义	关键点	应用示例
建构主义的知识观	知识是对世界的解释或假设，不是绝对真实的	知识不断变革和改写，需针对具体情景再加工，理解由学习者基于自身经验建构	教学中鼓励学生提出不同解释和假设，引导他们通过讨论和研究深化理解
建构主义的学习观	学习是学生主动建构知识的过程	学生主动选择、加工和处理信息，学习是新旧知识经验的双向互动，同化和顺应交替循环	设计探究式学习活动，让学生在解决实际问题中构建知识，促进认知结构的重组
建构主义的学生观	学习者带着已有知识经验进入学习情景	教学应以学生已有经验为基础，教师重视学生的理解，教学是知识的处理和转换	教师通过提问和引导，帮助学生将已有经验与新知识联系起来，共同探索问题

（一）建构主义的知识观

一方面，建构主义认为知识并非对现实世界的纯粹客观反映。任何传载知识的符号系统都不是绝对真实的表征，它只是人类对客观世界的一种解释或假设。知识不是问题的最终答案，随着人类认知的深入，它会不断地变革、升华和改写，产生新的解释和假设。另一方面，建构主义认为知识不能绝对准确地概括世界的法则，也不能提供适用于所有活动或问题的解决方法。在具体问题的解决过程中，知识需要针对具体情景进行再加工和再创造。此外，知识不可能以实体的形式存在于个体之外。虽然语言赋予了知识一定的外在形式，并获得了较为普遍的认同，但这并不意味着学习者对这种知识有同样的理解。真正的理解只能由学习者基于自身的经验背景建构起来，这取决于特定情况的学习活动过程。

（二）建构主义的学习观

第一，学习并不是由教师简单地将知识传递给学生，而是由学生自己建构知识的过程。学生不是被动地接收信息，而是主动地构建知识的意义，这种建构过程无法由他人代替。第二，学习不是被动地接收信息刺激，而是主动地建构意义。学生根据自己的经验背景，对外部信息进行选择、加工和处理，从而获得自己的意义。外部信息本身没有意义，意义是学习者通过新旧知识经验之间的反复、双向互动过程建构出来的。因此，学习不是像行为主义描述的那样是"刺激反应"的过程。第三，学习意义的获得，是每个学习者以自己原有的知识经验为基础，对新信息进行重新认识和编码，从而建构自己的理解。在这个过程中，学习者的原有知识经验因为新知识的进入而发生调整和改变。第四，同化和顺应是学习者认知结构发生变化的两种途径或方式。同化是认知结构的量变，顺应则是认知结构的质变。同化和顺应交替循环，平衡和不平衡互相交替，人的认知水平就是在这种过程中不断发展。学习不仅仅是信息的积累，更重要的是新旧知识经验之间的冲突，以及由此引发的认知结构的重组。学习过程不是简单的信息输入、存储和提取，而是新旧知识经验之间的双向互动过程，即学习者与学习环境之间的互动过程。

（三）建构主义的学生观

第一，建构主义强调，学习者并不是空着脑袋进入学习情景中的。在日常生活和以往的学习中，学习者已经形成了相关的知识经验，对任何事情都有自己的看法。即使是他们从未接触过的问题，也会基于以往的经验和认知能力，形成对问题的解释并提出假设。第二，教学不能无视学习者已有的知识经验，不能简单强硬地向学习者实施知识输入，而应将学习者的原有知识经验作为新知识的生长点，引导学习者从原有经验中形成新的知识。教学不是知识的传递，而是知识的处理和转换。教师不仅是知识的呈现者，也不是知识权威的象征，而应重视学生对各种现象的理解，倾听他们的看法，思考这些看法的来源，并据此引导学生丰富或调整自己的解释。第三，教师与学生、学生与学生之间需要共同针对某些问题进行探索，在探索过程中相互交流和质疑，了解彼此的想法。由于经验背景的差异，学习者对问题的看法和理解往往各不相同。在学生的共同体中，这些差异本身就是宝贵的资源。建构主义虽然重视个体的自我发展，但也不否认外部引导即教师的影响作用。

三、建构主义理论在大学语文教学中的应用

建构主义理论在大学语文教学中的应用，可以从课程设计、教学方法、评价体系以及学习环境等多个方面展开。通过将建构主义理论与大学语文教学实践相结合，能够更好地促进学生的全面发展，提升教学效果和质量。

（一）课程设计的情境化与真实任务

大学语文课程设计应注重情境化和真实任务的设置，将语文知识的学习与实际生活情境相结合，增强学习的实际意义和应用价值。情境化学习强调在具体的情境中进行知识的建构，而真实任务则要求学生在解决实际问题的过程中应用所学知识。在大学语文课程中，可以通过设置与现实生活紧密相关的学习任务，如文学作品分析、文化考察报告、新闻发布会模拟等，让学生在完成这些任务的过程中，运用语文知识进行思考和表达。例如，在学习《红楼梦》时，可以让学生

通过角色扮演的方式，深入理解小说中的人物关系和情节发展，从而提升他们的语言表达能力和文学鉴赏能力。通过这些情境化和真实任务的设计，学生不仅能够更好地掌握语文知识，还能培养他们的综合应用能力和创新思维。

（二）教学方法的多样化与合作学习

建构主义强调学习者的主动性和社会互动的重要性，因此，在大学语文教学中，教师应采用多样化的教学方法，促进学生的主动参与和合作学习。传统的讲授式教学方式虽然可以传递大量信息，但往往忽视了学生的主动建构过程和合作学习的机会。在实际教学中，教师可以通过小组讨论、合作项目、角色扮演等多种形式，激发学生的学习兴趣和参与热情。例如，在讨论古代文学作品时，可以将学生分成若干小组，每组负责分析一个章节或一个人物，并在课堂上进行展示和交流。通过这种合作学习的方式，学生可以互相分享观点，共同探讨问题，从而加深对作品的理解和认知。同时，合作学习还可以培养学生的团队合作精神和沟通能力，促进他们的人际智力发展。

（三）评价体系的多元化与过程性评价

传统的评价体系往往侧重于期末考试和书面作业，忽视了学生在学习过程中的表现和进步。建构主义理论主张采用多元化的评价方式，全面评价学生在学习过程中的各个方面表现，特别是他们在实际任务中的应用能力和创新能力。在大学语文教学中，可以通过多样化的评价方式，如课堂表现、合作项目、口头报告、写作作品等，全面评价学生的综合能力。例如，可以让学生根据所学内容，撰写一篇文学评论或创作一首诗歌，通过这些实际作品，评价他们的语言表达能力和文学素养。同时，过程性评价也是建构主义评价体系的重要组成部分，通过对学生学习过程的观察和记录，及时反馈和调整教学策略，帮助学生不断改进和提升。

（四）学习环境的支持性与互动性

建构主义强调学习环境对知识建构的重要影响，认为一个支持性和互动性的学习环境可以激发学生的学习动机和创造力。在大学语文教学中，教师应创造一个宽松、自由、充满激励的学习氛围，鼓励学生大胆表达和自由探索。一方面，教师应注重课堂氛围的营造，通过开放性地提问和讨论，引导学生积极参与。例如，在讲解一篇现代文学作品时，可以提问学生对作品主题和人物的看法，并鼓励他们发表自己的见解。通过这种互动性的课堂讨论，学生不仅能够更好地理解作品，还能提升他们的批判性思维和表达能力。另一方面，教师应提供丰富的学习资源和工具，支持学生的自主学习和探究。例如，可以利用多媒体资源、图书馆资源、在线课程等，提供多样化的学习材料，满足学生的不同学习需求。通过这些支持性的学习资源，学生可以自主选择和探究自己感兴趣的内容，提升他们的学习积极性和主动性。

（五）个性化教学与差异化指导

建构主义理论强调个体差异和个性化学习，认为每个学生都有其独特的知识背景和学习方式，教师应根据学生的不同需求和特点，提供差异化的指导和支持。在大学语文教学中，教师可以通过个性化教学，帮助学生充分发挥其潜力，促进他们的全面发展。例如，对于语言表达能力强的学生，可以鼓励他们参加演讲比赛或写作比赛，提升他们的语言能力和写作水平；对于对文学作品感兴趣的学生，可以指导他们进行深入的文学研究，培养他们的研究能力和批判性思维。通过这些个性化的教学指导，学生能够在自己擅长的领域取得更大的进步和成就。教师还应关注学生在学习过程中遇到的困难和问题，提供及时的帮助和支持。例如，对于在阅读理解上有困难的学生，可以通过一对一辅导或小组学习，帮助他们克服困难，提升阅读能力。通过这些差异化的指导，教师可以更好地满足学生的个性化学习需求，促进他们的全面发展。

第四节　系统科学理论

系统科学理论的起源可以追溯到 20 世纪初期，由生物学家路德维希·冯·贝塔朗菲提出的"普通系统论"开始，逐渐发展成为一门跨学科的科学理论。系统科学理论的核心理念是将研究对象视为一个整体系统，注重各部分之间的相互关系及其动态变化。系统科学理论是一门研究各类系统模式、原理和规律的科学。该理论起源于系统论、控制论、信息论（统称为"旧三论"），并逐渐发展出耗散结构论、协同论、突变论（统称为"新三论"）。系统科学理论不仅是现代自然科学、社会科学、思维科学发展的综合结果，同时也代表了现代科学研究的一般方法论。系统科学理论极大地推动了现代科学的跨越式发展，并对其他学科提供了方法论指导。在教育科学中，这一理论尤其具有重要的启发意义，因为教育科学涉及众多学习变量和教学变量的复杂系统。系统科学理论对教学技能的学习与训练也具有积极的指导作用。

一、老三论及原理

（一）老三论

"老三论"是系统科学理论的核心组成部分。这些理论为理解复杂系统的运行机制提供了重要的工具和方法。通过分析系统的结构、信息的传递以及控制的过程，"老三论"不仅在科学研究中发挥了重要作用，也为各行各业的实际应用提供了理论支持（表2-4）。

表2-4 老三论

理论	介绍	核心思想	基本方法	应用领域	教育教学应用
系统论	研究系统的总体模式、结构、原则和规律	整体观，整体大于部分之和	将研究对象视为一个系统，分析其结构和功能，研究系统、要素、环境三者之间的关系和变化规律	自然科学、社会科学、管理科学等	通过系统分析和设计，改进教学系统的结构和功能，使教学活动更加系统化、科学化
信息论	应用数学学科，研究信息、信息熵、通信系统、数据传输、密码学和数据压缩	信息传递与处理	利用概率论和数理统计方法，提高信息传输系统的有效性和可靠性	通信系统、计算机科学、心理学、语言学等	用信息方法分析教学系统，设计有效的教学信息处理和传递方法，提高教学信息传递的有效性
控制论	研究生物系统和非生物系统的通信、控制和调整	信息和反馈，正反馈和负反馈	通过反馈机制调整和控制系统行为，以达到系统平衡和稳定	工程学、计算机科学、生理学、心理学、社会学等	通过反馈机制调控教学过程，调整教学策略和方法，提高教学质量

1. 系统论

系统论是一门研究系统的总体模式、结构、原则和规律的学科。它探讨了各种系统的共同特征，运用数学方法定量描述其功能，力求找到适用于所有系统的原理、原则和模型。系统论是一门具有逻辑性和科学性质的新兴科学。系统论的核心思想是整体观。系统论认为任何系统都是一个有机整体，不是各部分的机械组合或简单相加。系统的整体功能是各部分在孤立状态下所没有的功能。贝塔朗菲引用亚里士多德的名言"整体大于部分之和"来说明系统的整体性，反对以局部解释整体的机械论观点。同时，他认为系统中的各要素并非孤立存在，每个要素在系统中都有特定的位置和作用。要素之间相互关联，构成了一个不可分割的整体。如果将要素从系统整体中分离出来，它将失去原有的功能。正如手是人体的劳动器官，一旦手被切离人体，就不再具有劳动功能。

系统论的基本方法是将研究对象视为一个系统，分析其结构和功能，研究系统、要素、环境三者之间的关系和变化规律。系统论不仅关注系统自身特点和规律的认识，还利用这些特点和规律去控制、管理、改造或创造新系统，使其存在和发展符合人类的需要。

2. 信息论

信息论是一门应用数学学科，利用概率论和数理统计方法研究信息、信息熵、通信系统、数据传输、密码学和数据压缩等问题。信息系统广义上指的是任何信息从一处传送到另一处所需的全部设备所构成的系统。传统的通信系统如电报、电话、邮递分别传送电文信息、语音信息和文字信息；而广播、遥测、遥感和遥控系统也传送各种类型的信息，因此也属于信息系统。信息论的研究范围广泛，通常分为三种类型：第一种，狭义信息论。应用数理统计方法研究信息处理和信息传递的科学。它探讨通信和控制系统中信息传递的共同规律，提高信息传输系统的有效性和可靠性。第二种，一般信息论。主要研究通信问题，同时包括噪声理论、信号滤波与预测、调制与信息处理等问题。第三种，广义信息论。除了包括狭义信息论和一般信息论的问题外，还涉及心理学、语言学、神经心理学、语义学等与信息相关的领域。

信息论启示用信息方法来分析教育教学系统，因为教学过程实际上是信息传递的过程。教学设计关注如何分析、处理和传递教学信息，而信息论为解决这些问题提供了有效的思路和方法。

3. 控制论

控制论的思想和方法已经渗透到几乎所有的自然科学和社会科学领域。控制论是一门研究生物系统、非生物系统（如工程系统、化工系统、通信系统、经济系统等）内部通信、控制和调整的学科。控制论着重研究过程中的数学关系，综合研究各类系统的控制、信息交换和反馈调节，是跨及人类工程学、控制工程学、通信工程学、计算机工程学、一般生理学、神经生理学、心理学、数学、逻辑学、社会学等众多学科的交叉学科。控制论的基本概念是信息和反馈。信息是系统中传递的信号，反馈是系统对输出结果的反应，并将其重新输入系统，以调整和控制系统的行为。反馈分为正反馈和负反馈两种类型，正反馈会增强系统的输出，而负反馈则会抑制系统的输出，以达到系统的平衡和稳定。

在教育教学中，控制论的应用体现在对教学过程的调控和优化。教学系统可以视为一个由教师、学生、教学内容和教学环境等要素构成的复杂系统。通过反馈机制，教师可以了解学生的学习效果，并据此调整教学策略和方法，以提高教学质量。

（二）蕴含原理

系统科学理论中的反馈原理、有序原理和整体原理，提供了深刻的理论基础和实践指导。

1. 反馈原理

反馈原理是现代科学技术中的一个基本概念。在控制论中，反馈是指系统的输出被返回到输入端，并以某种方式改变输入，进而影响系统的功能。这一过程是将输出量通过适当的检测装置返回到输入端，并与输入量进行比较。反馈可分为负反馈和正反馈。在其他学科领域中,反馈也有不同的含义,例如传播学中的反馈、无线电工程中的反馈等。然而,没有反馈信息的系统是无法实现有效控制的,因此难以达到预期的目标。信息从输入到输出,再反馈到输入,形成了一个闭合回路。

在没有反馈信息的非闭合回路中,控制是不可能实现的。控制系统根据反馈信息的量来比较、纠正和调整发出的给定信息,从而实现对被控对象的控制。反馈原理表明,在课堂教学中,要实现教学目标,必须通过设问、测试、练习、感知和活动等方式获取反馈信息,以发现教学中存在的问题,修正教学策略,改进教学方法,提高教学质量。在微格教学中也是如此,如果没有过程控制和反馈机制,每一个微格教学环节是否实施或有效将难以验证。

2. 有序原理

任何系统都是有序的,当一个系统对外开放,与外界进行信息交换时,才有可能变得有序。有序是指信息量增加,组织化程度提高。系统从低级向高级演化是有序的,反之则是无序的。人类学习和记忆的过程是有序的,而荒废和遗忘的过程则是无序的。有序原理要求微格教学系统是一个开放系统,同时在教学中最大限度地引导学生思考和探索问题,使大脑成为信息中转系统,促进学习进步和教育发展。作为课堂教学系统的子系统,微格教学应采用开放式研究,不断融入新观点、新方法和新技能,以持续发展和完善,甚至演化。

3. 整体原理

整体原理指系统是由若干要素组成的具有新功能的有机整体。系统的子单元一旦组成整体,就具有各个独立单元所不具备的新性质和功能,表现出整体的性质和功能大于各个要素的总和。然而,只有通过相互联系形成整体结构,系统才能发挥整体功能。没有整体联系和结构,系统无法发挥其整体功能。整体原理告诉我们,在研究某个问题(系统)时,需要从整体和全局出发,不仅要注意各子问题的功能和结构,还要关注它们相互作用后产生的新功能或结构。在微格教学中,要求受训者不仅要传播知识,还要培养学生科学解决问题的态度和能力,帮助学生建立知识联结,形成合力,最大化提高学生的知识结构水平和能力。

研究一个复杂系统,必须研究其组成部分(各子系统),实质上是研究其要素、结构和功能的相互关系,通过信息的传递和反馈来实现子系统之间的联系。虽然微格教学是完整教学的一个子单元,但它实际上是一个复杂的系统。一方面,应将微格教学作为一个整体加以分析研究,同时注意它与教学系统的关系;另一方面,应将构成微格教学的每个元素及其功能分解开来,研究其中几个元素或功能之间的关系,特别是联结关系,为不断优化微格教学奠定基础。

二、新三论及原理

(一)新三论

随着科学技术的不断发展,系统科学理论也在不断演进。在"老三论"基础上,系统科学领域出现了新的重要理论,这些理论被统称为"新三论",包括耗散结构论、协同论和突变论(表2-5)。

表2-5 新三论

新三论	介绍	关键点	应用示例
耗散结构论	由普利高津提出,用以解释开放系统从无序到有序的转变	有序源自非平衡状态,系统通过自组织维持有序性,与外界不断交换物质和能量	教育系统的有序演化,从被动组织向自主组织的转变
协同论	由哈肯提出,研究系统从混沌无序状态自发形成稳定有序结构	系统规则通过子系统间的自主、自发互动产生,强调竞争与合作的重要性	复杂性模式由低层次子系统的互动产生,理解高层次系统结构
突变论	由托姆提出,解释现实世界中的形态发生及突变现象	区分缓慢渐变与突然突变,变化点附近出现不连续性	研究复杂性问题的新视角,特别是在考察人类思维过程和认知机制时

1. 耗散结构论

耗散结构论由比利时物理学家普利高津在20世纪60年代末提出,用以解释开放系统如何从无序状态转变为有序状态。该理论认为有序是从非平衡状态发展而来的,非平衡状态是有序的源头。在特定条件下,处于非平衡态的系统能通过自组织维持有序性,这涉及与外界不断的物质和能量交换。尽管系统内部产生了熵,但通过向环境输出更多的熵,实现了熵的净减少,从而推动系统向有序状态演进。耗散结构的形成并非由分子间的守恒力导致,而是通过能量的持续耗散来维持其结构稳定。该理论对包括教育系统在内的多种系统的有序演化提供了理论支持,并为从被动组织向自主组织的转变提供了重要的洞察和可操作的策略。

2. 协同论

20世纪70年代中期,西德学者哈肯提出了协同论,旨在研究系统如何从混沌无序状态自发转变为稳定有序结构。哈肯认为,自发形成的有组织结构是科学研究中极具吸引力且挑战性极高的问题之一。协同论的核心在于,系统规则通过子系统间的自主、自发地相互作用而产生。这一理论强调了竞争与合作的重要性,视其为研究的核心。复杂性的模式通常由低层次子系统的互动产生,而这种互动的方式和结构及其动态演化是理解高层次系统结构的关键。

3.突变论

法国数学家托姆在20世纪60年代提出突变论，并开发了一套拓扑数学理论框架，用以解释现实世界中的形态发生及其突变现象。突变论区分了缓慢的渐变与突然的突变，指出这两者的根本区别在于变化点附近是否出现不连续性。从方法论上看，突变论为研究复杂性问题提供了新的视角，尤其在考察人类思维过程和认知机制时具有独到的意义。根据突变论，人的精神活动可以视为多个动力场之间的突变序列，这些动力场由神经细胞的活动构成。托姆强调，我们的内在思维运动与外部世界的作用本质上是一致的，外部的变化可以通过内部的耦合反应形成我们认知的基础。

（二）蕴含原理

耗散结构论、协同论和突变论，合称为系统科学中的"新三论"或自组织理论，深入探讨了系统如何产生、如何通过信息交流整合不同部分以形成整体，以及系统的演化过程。这些理论共同探讨系统内部如何在特定外部条件下，通过非线性的内部相互作用和突变，自发地形成新的稳定有序结构。自组织的核心在于，系统的稳定有序结构是内部因素之间的相互作用结果，而非外部环境的直接施加。

自组织理论认为，系统中各部分的相干性、协同性或特定特性的相互作用导致了稳定的有序结构的形成。这种自发的内部组织过程表明，系统的秩序和结构是内生成的，不是由外界直接强加的。在教育教学的背景下，这一观点尤其具有启发性。在教育实践中，采用自组织的视角来看待教学和学习过程极为重要。教师应将学生视为一个自组织的系统，理解学生的学习不仅是通过教师的直接教学实现的，而是应通过全面分析学生的知识结构、能力构成及内部学习机制，有目的地创造适宜的教学条件和情境，激发学生的主动认知和学习动力。这种方法强调学生是学习过程的主体，教师则转变为学习的引导者和组织者，而非单纯的知识传授者。

通过自组织理论的应用教师能更有效地识别和利用学生内在的潜能和动机，从而设计更加符合学生个性化需要的教学策略。这种教学方法不仅促进学生知识的内在吸收和理解，还有助于学生能力的全面发展和自我驱动的学习态度的培养。自组织理论的实践应用展示了在教育系统中，通过理解和利用系统内部的动态相互作用，可以更有效地促进教育目标的实现。这种视角促使教师从传统的教学角色向更为动态和互动的角色转变，更好地满足当代教育的需求和挑战。

三、系统科学理论在大学语文教学中的应用

系统科学理论为大学语文教学提供了深刻的理论支持和实践指导。通过这些

理论的应用，教育者可以更有效地理解和应对教学中的挑战，实现教学目标的最大化。这些理论不仅帮助教师优化教学策略和方法，还促进学生的全面发展，实现教学活动的高效和有序。

（一）耗散结构论的应用

耗散结构论强调系统在非平衡状态下通过与环境的物质和能量交换达到有序状态。应用于大学语文教学，这一理论表明，在开放的教学环境中，教师和学生不断地交换信息和反馈，共同推动教学内容的深化和学生思维能力的提升。教师可以设计开放式的课程，鼓励学生主动探索和提问，通过课堂讨论、小组合作等形式，使学生在互动中学习和吸收知识，达到知识的内化和思维能力的提升。教师可以安排课堂上的辩论会，让学生围绕课文中的主题或者文学作品中的争议问题进行深入讨论。这种活动不仅促进了学生之间的信息交流，而且通过这种教学动力的"耗散"，即知识和观点的自由流动，有助于形成一个有序而充满活力的学习环境。

（二）协同论的应用

协同论讲究系统中各部分的相互作用导致整体行为的产生。在语文教学中，这可以解释为教师与学生、学生与学生之间的互动如何共同促成教学效果的提升。教师应当设计教学活动，促进学生之间的协作和交流，如团队项目和研讨会，使学生在实际操作中学习如何协同工作，增强解决复杂问题的能力。此外，教师自身也需与学生保持持续的互动，了解学生的学习进展和需求，及时调整教学策略。例如可以组织学生进行文学作品的集体解读，每个学生或小组负责对作品的一个部分或主题进行分析，并将他们的发现与全班分享。通过这种方式，整个班级共同构建对文学作品的理解和评价，这不仅增强了学生之间的协作，也促进了教师和学生之间的知识共创。

（三）突变论的应用

突变论关注系统在特定条件下发生质的变化。在大学语文教学中，这种突变可能是教学方法的革新、新技术的引入或教学理念的重大转变。例如，引入数字化教学工具和平台，改变传统的教学模式，可能会在短时间内显著提高学生的学习效率和兴趣。教师可以利用突变论的思想，探索在特定时期通过引入创新教学方法或工具来实现教学效果的飞跃。比如，大学语文课程中可能引入在线协作工具，如 Google 文档或其他云端平台，使学生能在非课堂时间内继续合作和讨论。这种技术的引入不仅改变了学生学习的方式，也可能引发教学策略的根本变化，如翻转课堂的实施，学生在家通过视频学习新内容，课堂时间用于讨论和深化理解，这种模式的变化正是突变论的体现。

第三章　大学语文和谐课堂的创设

第一节　和谐课堂内涵阐释

和谐课堂是指坚持以人为本教学理念的指导，使教育各个组成要素相得益彰、协调合作、相互影响，形成和谐美好的教学生态，从而促进学生自我激励、自我完善、自我成长。❶ 和谐课堂作为一种现代教育理念，强调在教学过程中实现各要素的有机结合和协同发展，以达到最佳的教学效果和学生全面发展的目标。其内涵主要体现在以下几个方面（图 3-1）。

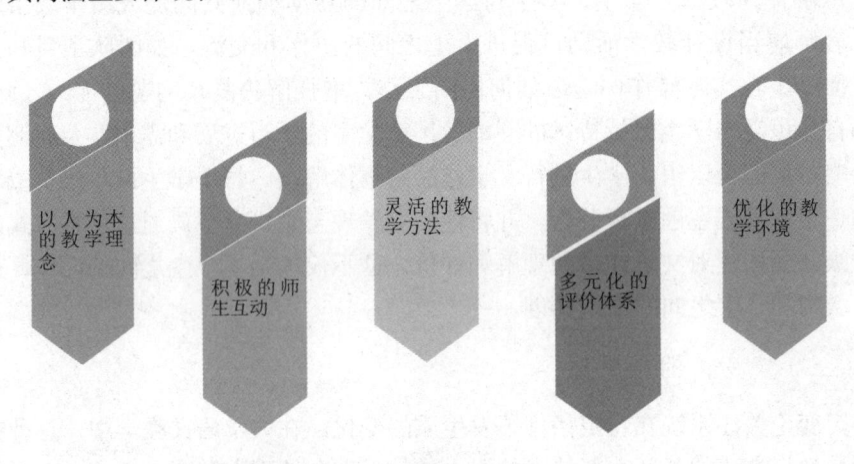

图 3-1　和谐课堂内涵阐释

一、以人为本的教学理念

和谐课堂的核心理念是以人为本，这意味着教学过程应关注学生的个体差异和发展需求，尊重每个学生的独特性。以人为本的教学理念不仅仅是口号，而需

---

❶ 赵翠明.高校语文教育教学研究[M].天津：天津出版传媒集团；天津科学技术出版社,2023:214.

要在实际教学过程中落实到具体的教学行为和策略中。和谐课堂也就是要在"以人为本"的教育理念指导下，为突出学生的全面发展，通过对课堂这个教育空间中具体关系、具体教学环节和教学细节上自然而符合教育方针与教育规律的整合，去运作课堂中的学习与交流，最终把以教师为主体的灌输式的非和谐课堂模式改变为以学生为主体的教师与学生、学生与学生双向互动互助的和谐的课堂模式。❶

以人为本要求教师在课堂上采取民主、平等、尊重的态度对待学生。传统的师道尊严观念需要在现代教育理念下进行调整，教师应更多地关注学生的需求和感受，与学生建立平等、互信的关系。这种关系有助于学生在课堂上感受到被尊重和理解，从而更加积极主动地参与到学习过程中。以人为本还体现在对学生个体差异的尊重和关注上。每个学生都有自己的学习节奏和方式，教师应根据学生的不同特点和需求，制订个性化的教学计划和策略。例如，对于学习基础较好的学生，教师可以提供更具挑战性的学习任务；而对于学习有困难的学生，则需要给予更多的关注和支持，帮助他们克服学习障碍，提升学习效果。以人为本的教学理念强调学生的主体地位。在和谐课堂中，学生不仅是知识的接受者，更是学习的主体和参与者。教师应鼓励学生积极参与课堂讨论和活动，发挥他们的主动性和创造性。例如，在课堂教学中，可以通过小组讨论、案例分析等形式，激发学生的思维和表达能力，使他们在互动中学习和成长。以人为本还要求教师具备良好的教育素养和专业能力。教师不仅要掌握扎实的专业知识，还需要具备敏锐的教育洞察力和丰富的教学经验，能够灵活应对课堂上的各种情况。通过不断提升自身的专业素养，教师才能更好地贯彻以人为本的教学理念，真正做到因材施教，促进学生的全面发展。

二、积极的师生互动

在和谐课堂中，教师和学生之间不仅是知识的传授和接受关系，更是互动合作、共同成长的关系。通过积极的师生互动，教师能够更好地了解学生的学习状态和需求，学生也能够在互动中获得更多的学习机会和支持。

积极的师生互动要求教师在课堂上采取多种互动形式。例如，通过课堂提问、讨论、小组活动等方式，鼓励学生积极参与到课堂中。教师可以设计一些有趣的问题或案例，引导学生进行思考和讨论，从而激发他们的学习兴趣和积极性。在这种互动中，教师不仅传授知识，还能够通过学生的反馈，了解他们的理解和掌握情况，及时进行调整和指导。师生互动不仅限于课堂内，还可以延伸到

---

❶ 王文举，王传生. 积极探索改革创新努力提高教育教学质量 [M]. 北京：首都经济贸易大学出版社，2008:330.

课堂外。教师可以通过课后辅导、答疑、交流等方式，与学生保持密切联系，帮助他们解决学习中的问题。教师可以利用现代科技手段，如网络平台、社交媒体等，建立与学生的交流渠道，方便学生随时提出问题，获取帮助。这种课内外的互动，能够有效增强师生之间的联系和信任，有助于学生在学习中获得更多的支持和帮助。

教师应关注每个学生的学习进展和心理状态，及时给予适当的关怀和支持。例如，对于学习有困难的学生，教师可以通过个别辅导、鼓励等方式，帮助他们树立信心，克服困难；对于心理上有困扰的学生，教师可以通过谈心、心理辅导等方式，帮助他们缓解压力，保持良好的心理状态。这种关注和关心，不仅有助于学生在学习中取得进步，还能够增强他们对学校和教师的信任和依赖。在和谐课堂中，教师不仅传授知识，还应注重培养学生的自主学习能力。例如，教师可以通过指导学生制订学习计划、提供学习方法和策略等方式，帮助学生建立良好的学习习惯和方法，使他们在课外也能够进行有效的学习。通过培养学生的自主学习能力，教师能够帮助他们在未来的学习中更加自信和从容，具备应对各种学习挑战的能力。

三、灵活的教学方法

在和谐课堂中，灵活的教学方法是实现教学目标的重要手段。教学方法的灵活运用，不仅有助于激发学生的学习兴趣和积极性，还能够满足不同学生的学习需求，促进他们的全面发展。

灵活的教学方法要求教师根据教学内容和学生的实际情况，选择适当的教学方法和策略。对于知识性较强的内容，可以采用讲授法，通过教师的讲解和示范，帮助学生理解和掌握知识；对于需要学生参与和实践的内容，则可以采用讨论法、案例分析法、项目学习法等方法，通过学生的自主探究和合作学习，提升他们的实践能力和创新思维。在实际教学中，教师应根据教学目标和学生的特点，灵活调整教学方法，确保每个学生都能够在适合自己的节奏和方式中学习和成长。灵活的教学方法要求教师具备一定的教学设计和组织能力。教师在进行教学设计时，应充分考虑学生的学习需求和特点，设计多样化的教学活动和任务。例如，在课堂上，可以通过小组讨论、角色扮演、模拟情境等方式，激发学生的学习兴趣和积极性，促进他们在互动中学习和成长。教师还应善于组织和管理课堂活动，确保每个学生都能够参与其中，获得充分的学习机会。灵活的教学方法还包括对现代教育技术的应用。随着科技的不断发展，现代教育技术在教学中的应用越来越广泛。例如，教师可以利用多媒体技术，通过视频、动画、音频等多种形式，丰富教学内容，增强课堂的趣味性和生动性；还可以利用网络平台，进行在线教学、互动答疑、资源共享等，拓展课堂的时空界限，提升教学效果。在和谐课堂中，教师应积极探索和应用现代教育技术，不断创新教学方法，提高教学质量。教师还要具备一定的课堂应变能力，在实际教学过程中可能会遇到各种意外情况和挑战，教师应具备灵活应变的能力，能够及时调整教学策略，化解课堂上的各种问题和困难。例如，当学生对某个知识点不理解时，教师可以通过举例说明、重复讲解等方式，帮助学生加深理解；当课堂气氛不活跃时，教师可以通过设计一些有趣的互动环节，激发学生的学习兴趣和参与度。通过灵活应变，教师能够更好地掌控课堂，确保教学活动顺利进行。

四、多元化的评价体系

在和谐课堂中，评价不仅是对学生学习成果的检验，更是激发学生学习动力和改进教学方法的重要手段。科学合理的评价体系应注重过程性评价与终结性评价相结合，采用多元化的评价方式，如自评、互评、教师评等。通过全面、客观的评价，教师能够及时发现教学中的不足，进行针对性的调整和改进；学生也能够通过评价了解自己的进步和不足，不断改进学习方法，提高学习效果。

评价不仅是对学生学习效果的检验，更应起到激励学生学习的作用。在和谐课堂中，评价应体现公平、公正、公开的原则，给予学生充分的肯定和鼓励，激发他们的学习兴趣和动力。例如，在进行评价时，教师应注重发现和表扬学生的进步和优点，给予他们积极的反馈和鼓励，使他们在评价中感受到成就感和自信心，进一步激发他们的学习热情和动力。

五、优化的教学环境

教学环境的好坏，能够在很大程度上影响教学的效果，因此要促进学生创新意识的发展，完善教学的创新体制转变，需要营造一个相对适宜的教学环境。[1] 教学环境不仅包括物理环境，还包括心理环境和文化环境。一个良好的教学环境能够有效提升学生的学习效率和学习体验，促进他们的全面发展。

一个整洁、舒适、设备齐全的教室环境，有助于学生集中注意力，提高学习效率。例如，教室应保持整洁干净，布置合理，光线充足，通风良好；教学设备如多媒体设备、网络设备等应齐全，能够满足现代化教学的需要。良好的物理环境为和谐课堂的实现提供了有力的支持和保障。积极、和谐、支持性的心理环境能够激发学生的学习兴趣和动力，促进他们的心理健康和全面发展。在和谐课堂中，教师应关注学生的心理状态，通过建立良好的师生关系，营造积极的课堂

---

[1] 韩俊秀，吴英华，贾世娇.任务型学习法与高校英语教学[M].广州：广东旅游出版社,2019:265.

氛围，帮助学生减轻学习压力，增强自信心和学习动力。教师可以通过鼓励和表扬，增强学生的自信心；通过倾听和理解，帮助学生解决学习中的困惑和问题；通过关怀和支持，促进学生的心理健康和全面发展。

优化的教学环境还包括建立良好的课堂规则和秩序。在和谐课堂中，教师应与学生共同制定课堂规则，明确课堂纪律和行为规范，确保课堂教学的顺利进行。可以制定一些简单明了的课堂规则，如按时上课、认真听讲、积极参与等，要求学生严格遵守；可以通过奖惩机制，激励学生遵守规则，维护良好的课堂秩序。良好的课堂规则和秩序，有助于营造一个有序、和谐的课堂环境，提升教学效果。

第二节　大学语文和谐课堂的创设原则

在大学语文教学中，和谐课堂的创设需要遵循一定的原则，以确保教学过程的顺利进行和教学效果的最大化。以下详细阐述大学语文和谐课堂的创设原则（图3-2）。

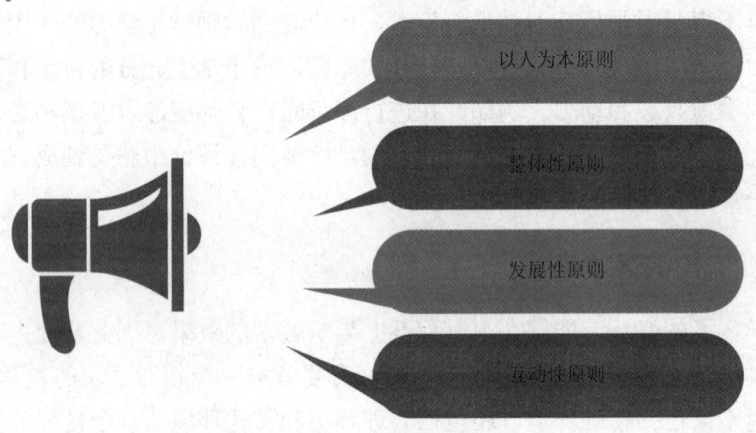

图 3-2　大学语文和谐课堂的创设原则

（以人为本原则、整体性原则、发展性原则、互动性原则）

一、以人为本原则

在大学语文教学中，以人为本的原则是构建和谐课堂的核心，反映了科学发展观和构建和谐社会的战略思想在教育领域的具体实践。这一原则认为，学校是培养人才的关键环境，而课堂教学作为学校教育的核心活动，其和谐程度直接影响校园乃至社会的和谐状态。因此，确保课堂教学的和谐性，不仅是教育的需求，也是社会发展的基础。

将学生置于教学活动的中心，即是以人为本原则在课堂教学中的直接体现。这要求教师在教学设计和实施过程中始终关注学生的需求和利益，确保教学内容和方式能够顺应学生的认知水平和兴趣。教师在备课时，需深入研究教材，从学生的实际出发，挑选和设计符合学生理解能力和学习需求的教学内容和方法。在此原则指导下，课堂活动应全面关注学生的智力成长与情感、价值观的培养。课堂设计应以学生的成长为本，不仅传授语文知识，更重视学生批判性思维、创造力及合作精神的培养。所有教学活动都应鼓励学生积极参与，通过师生互动和生生互动，营造一个每位学生都能得到充分发展的环境。

和谐课堂要求教师建立民主、平等、尊重的师生关系。这包括尊重学生的人格和权利，关心每一位学生的学习和生活状态，理解学生的个性需求。在课堂上，教师应当允许学生自由表达意见，鼓励学生间的开放交流，形成一个支持和信任的学习氛围。在和谐的语文课堂中，教师应充分发挥学生的主体作用，鼓励学生主动探索和解决问题。这意味着教师不仅是知识的传递者，更是学生学习过程的引导者和促进者。通过多样化的教学策略和活动，教师应为学生提供广泛的学习机会，让每一位学生都能在课堂上找到发展自我、展示才华的空间。和谐课堂的最终目标是实现人的全面发展。这要求课堂教学不仅关注学生的学业成就，更重视学生作为一个独立个体的成长和生命价值的实现。因此，课堂上的教与学应超越知识的传授，帮助学生构建正确的世界观、人生观和价值观，成为具有社会责任感和创造力的现代公民。

二、整体性原则

整体性原则强调将课堂教学视为一个互联互动的系统，其中包括教师、学生、教学内容、方法及手段等元素。这些要素不是孤立存在的，而是在相互作用中共同构成了一个有机的整体。在这个系统中，整体不仅仅是部分的简单相加，而是这些部分经过优化组合后产生的新功能，使得整体功能大于各部分之和。正如一束筷子比单根筷子的强度大得多，教学中各要素的优化整合同样可以产生更强大的教育效能。

课堂教学系统的有效运作依赖于各组成部分的有序和协调。系统理论告诉我们，没有单一元素可以独立于整体存在，每一个部分都在为实现整体目标而工作。教学内容的选择必须符合学生的接受能力和兴趣，教学方法应能够激发学生的学习动力，而教学手段则应支持内容和方法的有效传递。这种系统性思维要求教师在设计课堂时，考虑如何将各元素融为一体，创造出促进学生全面发展的学习环境。和谐课堂的整体性原则特别强调面向全体学生的均衡发展。这意味着课堂教学设计应超越以往只关注优秀学生或落后学生的做法，而是要兼顾各类学生的需求，确保每个学生都有参与和发展的机会。教师应关注那些学习困难的学生，提供必要的支持和帮助，同时也要挑战那些学有余力的学生，使他们的潜能得到充分发挥。通过这种全面关照，教育的整体质量和效果得以提升。

根据人本主义心理学，每个人都是一个情感、认知与行为高度整合的统一体。教育应当尊重这一整体性，促进学生在德、智、体、美、劳等各方面的均衡发展。这要求课堂教学不仅传授知识，更要关注学生的情感、身心健康以及社交能力的培养。例如，教学活动应设计得既能传递知识，又能训练学生的社交技能和团队协作能力，还要能够激发学生的审美感和创造力。在追求学生全面发展的同时，也不能忽视每个学生的个性化发展。全面发展的基础上提倡个性发展，意味着教育应当尊重并促进学生在个性、兴趣和才能上的独特性。在实施和谐课堂教学时，教师应识别并培养学生的独特才能和兴趣，提供定制化的学习路径和支持，使学生能够在发展自己最擅长和最感兴趣的领域中获得成功。整体性原则要求课堂教学活动的有序组织和整合。教学活动的设计应确保知识的连贯性、学习任务的递进性以及教学方法的多样性。教师应通过精心设计的教学活动，如模拟实践、项目作业、团队讨论等，有机地整合知识传授、技能训练与价值观教育，确保学生能够在多元化的学习经历中实现自我超越和全面发展。

三、发展性原则

在构建和谐的课堂教学环境中，必须遵循发展性原则，即着重于促进教师与学生的共同成长。和谐的课堂教学应包括学生自身的和谐发展和教师自身的和谐发展。❶ 在这种课堂模式下，学生的个人成长与教师的职业发展是相辅相成的两个方面。教师作为教育的基石，其自身的成长直接影响学生素质的提升。反之，学生的成长和需求也是教师教学活动的出发点和落脚点。因此，只有当教师和学生能够实现共同的进步和发展，才能实现课堂教学的真正进步，进而推动整个学校教育体系的持续发展。在具体的课堂教学中，由于其特定的条件、结构和教学活动的组织方式，特别是学生的活动状态，使得课堂教学对学生的全面素质形成具有不可替代的发展价值。教学活动不仅是学生发展的重要途径，也是素质提升的基础机制。通过精心设计的课堂活动，教师能为学生在认知及非认知领域（如兴趣、情感、态度、品德等）的发展提供必要的支持和资源。

在和谐课堂的构建中，教师需关注每位学生的发展，强调发展的全体性、全面性、主动性、差异性和持续性。教师应运用多元智能理论指导课堂教学，注重培养学生的多元智能和能力发展的多样化。和谐课堂倡导的探究学习和合作学习模式，打破了传统的被动接受知识的学习方式，为学生创造了一个开放和自由的

---

❶ 毛华中. 大学语文教学实践的多视角研究 [M]. 长春：吉林人民出版社, 2022:50.

学习环境，从而拓宽了学生发展的空间。探究学习能有效培养学生的信息收集、处理、分析能力，操作实践、发散思维和创新能力。师生合作和学生间的合作能够加强学生的协作和交往能力，并在这一过程中丰富学生的情感和多样化体验。这些能力的培养不仅符合新课程改革的目标，也是和谐课堂教学所追求的核心。

教师在课堂中不仅是知识的传递者，更是学生人格和道德观的塑造者。教师的行为和言语对学生的世界观、人生观、价值观产生深远的影响。因此，在推动学生发展的同时，教师也应不断提升自身的教育理念和专业水平。教师应建立以学生发展为中心的教育理念，真诚地与学生互动，构建和谐的师生关系。教师应具备应对突发情况的教学机智和幽默感。教师还应发展与他人合作的意识和能力，通过师生间的相互合作，实现优势互补。随着新课程的实施，教师应充分认识到自己既是课程的开发者也是建设者，而不仅仅是传统意义上的执行者。教师应根据学生的心理特点和兴趣，创设适宜的探究学习环境，使课堂教学活动更加贴近学生的实际需要，从而有效促进其发展。

四、互动性原则

互动是指充分利用和学习有关又能相互作用的教学因素，促使学生主动地学习与发展，进而使课堂教学达到高质高效的教学效果。❶互动性原则强调课堂不仅是知识传递的场所，更是师生互动、生生互动、心灵交流的舞台，师生应在此共同创造成就，激发各自的潜能。遵循互动性原则的教学模式致力于实现师生和生生之间的有效互动，推动他们的共同进步。教学过程应充分利用可促进相互作用的教学资源，鼓励学生主动学习和发展，从而提升课堂教学的整体质量和效率。在这种教学模式下，课堂互动被视为一种多维的活动，涉及教师、学生、教学媒介等多个动态因素，这些因素通过信息的交流进行互动，共同构建知识和理解。具体到课堂实践中，互动可以发生在多个层面，包括师生之间、学生与学生之间、学生与多媒体教学工具之间，以及学生与文本和教室环境之间的互动。在师生和生生之间的互动中，可以进一步细分为：教师与整个学生群体的互动、教师与单个学生的互动、单个学生与另一个学生的互动、单个学生与学生群体的互动以及学生群体之间的互动。

为了确保互动的效果，创建积极的课堂心理气氛是基本的前提。这种气氛应当能激发学生的求知欲，与学生的心理发展阶段相匹配，并在师生、生生之间建立正常和谐的关系。积极的心理气氛能够促使学生在课堂上形成愉悦、满意、相互理解和帮助的态度，这些都是有效课堂互动的关键因素。教师在此过程中应发挥关键作用，通过精心地组织和主动创造活动，成为积极课堂氛围的塑造者和维

---

❶ 洪华平.高校语文教学与和谐课堂创设研究[M].北京：国家行政学院出版社,2018:195.

护者。合作学习是实现课堂互动的一种有效方式。通过小组合作、组间的相互评估和练习、成果展示、教师的参与以及师生之间的民主对话，合作学习使得有效的互动成为课堂的核心。这种互动方式不仅有助于扩大学生的视野，增加理解他人的机会，更重要的是，它促进了情感沟通和交流，有助于建立一个充满友爱、和谐和互助精神的学习集体。通过这些互动活动，师生和生生之间能够相互学习、互补短板，实现共同的成长和发展。

第三节 大学语文和谐课堂创设的具体策略

为了构建一个和谐的大学语文课堂环境，教师可以采取一系列具体策略，这些策略旨在优化课堂互动、促进学生全面发展，并创造一个积极的学习氛围。

一、培养和谐课堂教学的意识

和谐课堂教学的构建是实现和谐教育的基础。任何行动都是建立在一定的思想意识基础上，只有在意识的指导下，才能有明确的行动方向。教师和学生作为课堂教学的两个基本要素，共同构建和谐课堂的动力源泉，需要他们共同努力，形成合力。因此，和谐课堂教学的构建必须注重培养教师和学生的和谐理念，形成共同的和谐意识，从而为和谐课堂的构建奠定坚实的思想基础。

（一）明确进行和谐课堂教学的意义

教师是构建和谐课堂教学的主要责任人，教师应主动培养和谐课堂教学的意识，深入研究"教"与"学"之间的关系。现今的课堂教学中，教师更多关注的是如何在一节课内完成教学任务，缺乏对学生学习过程的深入理解。教师常常认为自己是课堂教学的主体，而学生只是知识的接受者，导致教学过程不和谐。教师没有培养和谐课堂教学的意识，构建和谐课堂教学更是无从谈起。对于学生而言，他们认为教学目标和计划都是教师预先制订的，自己在课堂中的主体地位不明确，自然也无法认识到和谐课堂教学的必要性和重要性。

和谐课堂教学是根据学生的认知特点和身心发展规律，调控课堂教学中的各种要素（如教学目标、内容、方法、手段等）之间的关系，使其达到协调与统一，进而提高教学质量，减轻学生负担，促进学生全面、和谐、充分的发展。和谐课堂教学的最终目的是促进学生的全面发展，而不仅仅是提高学生的考试成绩。社会主义和谐社会需要的是身心和谐发展的人才，和谐课堂教学能够促进学生的健康成长，培养出符合社会需要的优秀人才。如果课堂教学不和谐，只会对学生的身心造成伤害，成为构建社会主义和谐社会的障碍。因此，教师需要明确进行和谐课堂教学的意义和价值，清晰自己的角色和使命，认识到和谐课堂教学的必要性和重要性，自觉地培养和谐课堂教学的意识。

（二）增强学生主体意识，树立自我和谐发展观念

主体意识是个体对自身主体地位、能力和价值的自我觉悟，是自主性、能动性和创造性的体现。学生主体意识的觉醒，意味着他们开始主动参与自身的发展，以实现身心的自由和充分发展。学生主体意识的强弱在一定程度上决定了他们对自身发展的认知、自检、自主和自我激励的程度。主体意识越强，学生对自身发展的自觉性也越高。因此，教师在课堂教学中应增强学生的主体意识，提高他们对自身发展的自觉性，使他们更加积极地参与到学习和发展的过程中。

教师和学生都需要树立自我和谐发展的观念。古人云："师者，范也；言行静动，皆可为式。"只有和谐发展的教师才能培养出和谐发展的学生。教师应不断提升自己的素养和专业水平，成为"学习型"教师，通过不断地自我学习和反思，能够等待、会分享、常宽容、善选择、巧合作、敢创新，努力实现自我和谐发展。学校也应加大对和谐社会构建和和谐课堂教学构建的宣传力度，学生应该将自己视为和谐社会和和谐课堂教学中的一员，树立自我和谐发展的观念，将自我和谐发展作为一种内在需求、动力和目标，不断严格要求自己，向和谐发展的目标迈进。

二、建立和谐的课堂人际关系

课堂人际关系是指课堂里人与人之间在情感与信息交流过程中所形成的比较稳定的心理关系。[1] 这些关系主要分为两类：师生之间的垂直关系和学生之间的水平关系。通过培养和谐的课堂关系，可以有效促进学生的全面发展，而关系紧张则可能引发焦虑和不适，进而影响学生和教师的心理健康（图3–3）。

图3–3　建立和谐的课堂人际关系

---

[1] 毛华中. 大学语文教学实践的多视角研究[M]. 长春：吉林人民出版社, 2022:53.

（一）建立和谐的师生关系

和谐的师生关系是培养学生健康情感和社会性的基础，它确保了教学活动的顺利进行和素质教育的实施。这种关系的核心是相互尊重和信任，从而创造一个民主、和谐、轻松的教学氛围。在这样的环境中，教师能够愉快地教学，学生也能在轻松愉快的氛围中进行学习。此外，良好的师生关系促进双方的开放交流，增强合作，有利于学生形成自尊、尊重他人以及诚实和善良等优秀品质。

教师应从传统的权威角色转变为引导者和合作者，这意味着教师不再是单向的知识传递者，而是学习过程的引导者和促进者。教师应鼓励学生积极参与课堂活动，建立一个平等的交流平台，使每位学生都能感到被尊重和理解。学生也需要更新对教师角色的看法，将教师视为可信赖的指导者和伙伴，而不是绝对的权威。这种观念的转变有助于学生更加主动地参与学习，敢于表达自己的想法和感受。教师应积极促进开放和坦诚地沟通，让课堂成为一个温暖的家，每个学生都能在其中找到归属感。通过建立有效的沟通渠道，教师和学生可以更好地理解彼此的需求和期望，从而在合作中找到共识和解决方案。教师还需要与学生建立合作关系，共同参与教学活动。这种合作不仅体现了师生关系的民主性，还有助于学生发展必要的人际协作和创造能力。

由于课堂中不可避免地会存在一些矛盾和冲突，教师需要具备高度的教学智慧和应变能力，以便迅速而准确地处理这些问题。这包括及时识别并解决学生间或师生间的矛盾，以保持课堂的和谐与积极氛围。

（二）建立和谐的同学关系

在大学语文的和谐课堂创设中，建立良好的同学关系是不可忽视的一环。这种关系不仅影响学生的学业成绩，更关乎他们的心理和社会发展。和谐的同学关系能够为学生提供一个支持性强、互助友好的学习环境，促进他们的全面成长。

教师需在学生中培养健康的心理态度，尤其是帮助那些自卑或自负的学生。例如，一些学业不佳或家庭条件较差的学生可能会感到自卑，而那些成绩优异或家庭条件较好的学生可能表现出自负。这些极端心态都不利于和谐关系的建立。教师可以通过一系列的心理辅导和自我表达的活动，帮助学生认识到每个人都有其独特的价值和长处，从而减少心理障碍，增强学生间的互信和尊重。教师还应鼓励学生在学习过程中采取合作学习的方式。通过团队项目和小组讨论，学生可以学会尊重并欣赏彼此的不同学习风格和观点，这不仅有助于知识的交流和技能的提升，还能增强团队协作精神。合理的竞争也是必要的，它可以激发学生的学习动力和成就欲望。在这种环境中，竞争应当是建设性的，旨在促进个人和集体的发展，而不是相互之间的负面比较。另一个有效的策略是实施学生互评。这一做法不仅可以作为教师评价的补充，还能增进学生之间的理解和信任。通过小组合作和互评活动，学生可以在相互评价中发现对方的优点和努力，从而促进同学间的正面互动。为此，教师可以设计合适的评价标准和工具，指导学生如何公正和建设性地进行评价，确保这一过程具有教育意义且能够真正帮助同学们改进和发展。

三、创设和谐的课堂教学环境

在大学语文的教学过程中，创建一个和谐的课堂环境至关重要。教学环境不仅包括学习氛围的营造，还需要协调好内外环境的关系。理解、适应并改善课堂环境，可以使之更好地服务于教学目标，从而促进学生的自由、健康和谐成长。

（一）创设和谐的课堂教学物理环境

一个良好的物理环境是进行高效教学的基础，能够促进秩序良好和心理健康的学习氛围的形成。选择教学地点时，应考虑其周边环境是否安静、风景是否怡人、是否远离噪声和污染，这些因素都直接影响学生的学习效率和心理状态。教室内部的布置同样重要，教室的墙面应使用能够使人心情舒畅的颜色，如白色、淡蓝色或淡绿色等，这些颜色能够帮助师生保持清新的心境。此外，教室的两侧墙壁可以悬挂名人画像、励志格言、奖状、锦旗及地图等教育性、艺术性和思想性的元素，这不仅能美化教室环境，也能为师生提供美的享受和思维启迪。教室的通风和光照也必须得到充分的重视，良好的通风系统和适宜的光照条件是创设和谐教学环境的基本要素，有助于提高学生的学习效率，并实现环境对人的积极影响。教室内的桌椅应保持整齐，窗帘和灯光设计要美观实用，创造一个舒适和协调的学习气氛。为了进一步促进教与学的有效互动，教室座位的排列方式应根据教学内容和学生的具体需要灵活调整。适时地改变座位布局，可以增强师生间的交流，优化信息的交流路径。此外，增加教育投资，改善办学条件，为教室配备现代化的教学设备如电视、幻灯、录音设备和多媒体设施等也是必要的。教师应根据教学需求，熟练并适度地使用这些设施，以提高教学效率和学生的学习兴趣。

（二）创设和谐的课堂教学心理环境

创设和谐的课堂教学心理环境不仅需要教师具备优秀的教学能力和心理素质，还需要教师能够有效地管理和优化课堂互动，选择合适的教学内容，并为学生创造一个支持性和包容性的学习环境。这样的环境能够促进学生的全面发展，提高教学效果，使课堂真正成为学生喜爱的学习场所。

一个良好的心理环境能够使课堂变为学生心向往之的学习殿堂，而一个负面的环境则可能使得学生对课堂教学产生逃避的心理。创建一个积极、健康的心理氛围对于提高学习效率和学生整体发展至关重要。课堂教学的心理环境被称为"心理场"，这是一个由多种因素共同作用构建的复杂环境。在这个环境中，教师的心理素质起着决定性的作用。教师不仅需要具备专业的教学技能，更应拥有健康的心理状态和良好的情绪调控能力。教师的情绪稳定性和心理健康直接影响到教学质量和学生的心理状态。在课堂上，教师应该保持愉悦的心情，稳定的情绪，这样才能有效地管理课堂，应对可能发生的各种突发情况。

当前教学环境中，教师往往占据主导地位，这种教学方式不仅忽视了学生的主体性，而且往往使学生感到压抑和恐惧，这对学生的个性展示和创造力发挥极为不利。一个充满压力的教学环境，无法促进学生的健康成长，也难以激发学生的学习兴趣和创造力。为了改善这一状况，教师需要创建一个宽松、民主、和谐的课堂心理氛围。在这种氛围中，教师应鼓励学生表达不同的观点，尊重每个学生的人格和学习方式，平等对待每一位学生。教师应当运用激励性的语言，对学生的缺点和错误持宽容态度，用发展的眼光看待每一个学生，鼓励学生充分展示自己的个性和创造力。教学内容的选择也是构建和谐心理环境的关键部分。教学内容应充分考虑学生的需求和身心发展特征，具有创新性，能够激发学生的学习热情。通过引入新颖和富有挑战性的教学材料，教师可以激发学生的好奇心和探索欲，使学生在学习过程中保持高度的积极性和参与感。

（三）协调课堂内外环境的关系

课堂教学是学校教育的主要形式，它对学生的身心发展具有决定性的作用。然而，学生的学习和发展并不仅限于课堂内部，家庭教育、校内社团活动、社会实践和人际交往等课外环境同样扮演着重要角色。这些环境直接或间接地影响着课堂教学的质量和效果，因此，协调课堂内外环境成为提升教育质量的关键任务。课外环境的影响力极大，例如家庭教育中的价值观、教育方式直接塑造学生的个性和学习态度；校内社团活动提供了发展个人兴趣和社交技能的平台；社会实践活动则让学生有机会将所学知识应用于实际情境，增强学习的实用性和紧迫感。这些课外因素与课堂教学紧密相连，共同作用于学生的全面发展。

如果课堂教学与这些外部环境能够形成一致，相互支持，那么教育的效果将得到极大的增强。家庭对学校教育理念的支持和认同可以增强学生的学习动力，社团活动与课程内容的结合可以加深学生对知识的理解和应用。反之，如果家庭教育与学校教育存在冲突，或者学校课程与实际社会需求脱节，学生可能会感到迷茫和困惑，这不利于学习效率的提高和个性的健康发展。因此，学校需要积极与家庭进行沟通，了解家庭的教育期望和方式，同时向家长明确传达学校的教育理念和教学目标。通过家长会、家访等形式加强家校合作，确保家庭教育与学校教育的协调一致。此外，学校应当鼓励学生参与社团活动和社会实践，将这些活动的成果与课堂学习相结合，以实现学生能力的全面发展。

只有当课堂内外的教育环境得到有效协调和整合，才能为学生创造一个和谐、有利于成长的教育生态，从而全面提升教育质量和学生的满意度。通过这种全面的教育策略，学生能在多元的环境中找到学习的动力和成长的路径，最终达成自我实现和社会适应的目标。

四、建立和谐的"教"与"学"关系

在大学语文课堂中，建立和谐的"教"与"学"关系是实现高效教学的核心。所谓教与学的关系，就是要发挥教师的教和学生的学两个积极性，[1]这种关系确保教师的教学活动和学生的学习行为能够有效地互动和相互促进。然而，在实际的教学过程中，我们经常可以观察到"有教无学"和"有学无教"的现象，这两种情形都反映出教与学的不和谐，严重影响了教学的质量和学生的全面发展。"有教无学"通常发生在教师虽然在课堂上满怀热情地讲授，但学生并不买账，他们可能在下面私聊、玩手机或做其他事情，完全不关心课堂上的教学内容。这种现象的出现很可能是因为教学内容与学生的兴趣和需求脱节，或者教学方法无法激发学生的学习热情。另外，"有学无教"的情况则描述了一种学生忽视教师的教学安排，按照自己的计划进行学习，可能是看其他书籍或者做其他科目的作业。这通常是因为学生觉得课堂教学无法满足他们的学习需求或教学方式太过枯燥无味。造成这种不和谐现象的原因包括：教师的教学观念可能较为陈旧，难以适应新的教育理念；教师可能在新课程改革的背景下面临角色冲突；或者是教师的专业能力和综合素质不足。学生方面的原因可能包括自我意识的增强、学习兴趣的缺乏以及学习动机的低迷。为了解决这些问题，重建教与学的和谐关系，需要从根本上重新审视和调整教学策略。教师应当采取更为灵活和多样化的教学方法，如项目基础学习、讨论式学习等，以增加学生的参与度。同时，教学内容的设计应更贴近学生的实际需求和兴趣，使学生能够感受到学习的实用性和趣味性。建立有效的沟通渠道，增强师生间的理解和信任也是至关重要的。教师应当通过定期的反馈和讨论，了解学生的需求和期望，适时调整教学计划和方法。只有当教师能够真正把握学生的学习状态，并根据这些信息调整自己的教学策略，教与学的和谐关系才能得到真正的改善，从而提升整体的教学效果和学生的学习效果。具体来说，需要做好以下几个方面的工作（图3-4）：

---

[1] 杭苇.坚持文道统一，发挥两个积极性[J].上海教育,1982(10)：2-4.

```
01 新型师生关系下的互动模式构建
02 教与学的动态平衡
03 教师和学生发展的相互促进
04 构建融洽的师生关系
```

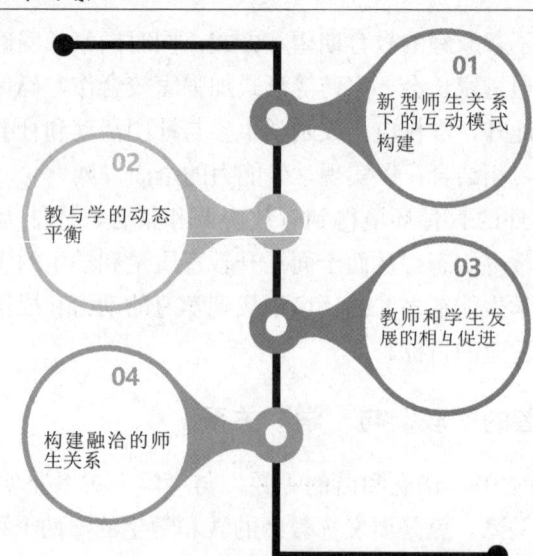

图 3-4 建立和谐的"教"与"学"关系

（一）新型师生关系下的互动模式构建

在这种新型师生关系中，教师的角色发生了根本变化，从传统的知识传递者转变为学习的引导者和协作者。教师现在需要更多地激发学生的学习兴趣，引导学生独立思考，并培养他们的批判性和创造性思维。为此，教师要根据学生的反馈和需求灵活调整教学策略和内容，推动学生的深入学习和个人发展。与此同时，学生的角色也由被动的接受者转变为教学活动的主体。学生被鼓励主动参与学习过程，表达自己的见解，参与课程设计和评估，甚至在某些情况下参与到教学内容的创造中。这种主体地位的提升不仅使学生在学习过程中拥有更多的自主性和创造性，也使他们能够自主设定学习目标，利用各种资源进行自我评估和反思。

（二）教与学的动态平衡

在大学语文教学中，教与学的动态平衡是确保教学效果和满足学生学习需求的关键。这种平衡主要体现在教学内容的适应性和学生的多样化参与两个方面。

教学内容的适应性要求教师能够灵活调整教学内容，以适应学生的学术背景、兴趣和学习风格。例如，当学生对某一文学作品表现出浓厚兴趣时，教师可以增加相关的深入讨论和分析，甚至引入更多相关文学作品进行比较研究。教师还需根据学生的学习反馈调整教学深度和难度，确保所有学生都能跟上课程进度。为了促进学生的全面发展，教师应鼓励学生通过各种方式参与学习过程。这包括小组合作、独立研究项目以及课堂讨论等形式。通过这些活动，学生不仅能够加深对文学和理论知识的理解，还能培养关键的团队合作和沟通技能。

（三）教师和学生发展的相互促进

新型师生关系中的一个关键特点是教师和学生的发展能够相互促进。这种关系模式不仅有助于提升教学质量，也为学生的个人成长创造了条件。

在互动的教学过程中，教师能够通过学生的反馈和参与获得宝贵的教学灵感，这些反馈帮助教师了解哪些教学方法有效，哪些需要改进。此外，教师还应通过持续的专业发展，如参加研讨会、阅读最新的教育研究，来不断提升自己的教学策略。在教师的引导和支持下，学生可以通过参与讨论、独立研究和项目工作来提升自己的研究能力和批判性思维。这种自主学习能力的提升，不仅有助于学生在学术上取得成功，也为他们未来的职业生涯奠定了基础。

（四）构建融洽的师生关系

教和学是一对矛盾，作为矛盾双方的代表——教师和学生如何和谐融洽师生关系，对完成教学目的至关紧要。[1] 这种关系依赖于有效的沟通和反馈机制，以及在师生互动中所培养的相互尊重和信任。定期与学生进行沟通可以帮助教师及时了解学生的学习状态和需求，从而调整教学策略以更好地满足学生的学习需求。建立有效的反馈机制，如课堂调查和一对一访谈，可以促进学生对教学过程的参与和投入。在构建融洽的师生关系中，双方需要互相尊重对方的观点和经验。教师应尊重学生的个性和观点，认真对待学生的问题和建议；学生也应尊重教师的专业知识和教学经验。通过这样的互相尊重和信任，可以建立一种更加开放和支持的教学环境。

第四节　大学语文和谐课堂教学设计案例

在构建和谐课堂的过程中，教学设计案例的分析与应用是至关重要的。通过具体案例的讨论，我们能够更好地理解和运用和谐课堂的理论，提升大学语文教学的实际效果。下面详细探讨诗歌鉴赏课程设计、现代文阅读与分析课程设计以及古代文学作品研究项目设计三个具体案例。

一、诗歌鉴赏课程设计

通过诗歌鉴赏课程的学习，不仅有助于学生在文学领域的发展，还能够在

---

[1] 北京未来新世纪教育科学发展中心.走向外语的个性化教学[M].呼和浩特：远方出版社,2004：139.

更广泛的文化和艺术领域中提高他们的理解力和欣赏力。诗歌鉴赏课程的目标实现，需要教师在教学过程中不断探索和创新，采用多样化的教学方法和手段，激发学生的学习兴趣和热情，提升教学效果和质量（表3-1）。

表3-1 诗歌鉴赏课程设计

教学设计要素	具体内容	
课程目标	激发学生的诗歌兴趣：通过经典诗歌的学习和赏析，培养学生对诗歌的兴趣和热爱	
	提升审美鉴赏能力：通过诗歌语言和意象的分析，提升学生的审美意识和能力	
	增强语言表达能力：通过诗歌创作和评论，提升学生的写作能力、逻辑思维和表达技巧	
教学内容设计	古典诗歌：《诗经》如《关雎》《蒹葭》；唐诗：李白《静夜思》、杜甫《春望》；宋词：苏轼《念奴娇·赤壁怀古》	
	现代诗歌：艾青《大堰河——我的保姆》《雪落在中国的土地上》	
	外国诗歌：莎士比亚：《Sonnet 18》	
教学方法选择	互动式教学	提问引导：通过提问引导学生思考和讨论诗歌的内容、主题和艺术特色
		小组讨论：组织小组讨论或全班辩论，就诗歌的主题、意象和情感等方面进行深入探讨
		即时反馈：在课堂上对学生的回答和讨论进行即时反馈，帮助学生发现问题、改进学习方法
	情景教学	情景模拟：通过环境布置和声音效果让学生融入诗歌情境
		角色扮演：学生扮演诗中的人物或诗人本人，深入理解诗歌内容和情感
	创作实践	诗歌创作活动：组织学生根据主题进行诗歌创作
		诗歌朗诵会：举办诗歌朗诵会或创作展示会，展示学生作品，进行交流和点评

（一）课程目标

诗歌鉴赏课程的主要目标在于培养学生的审美能力、提升文学素养以及增强语言表达能力。这一课程目标的实现不仅有助于学生的文学知识积累，还能在更广泛的文化和艺术领域中提高他们的理解力和欣赏力。以下是具体的目标解析：

1. 激发学生的诗歌兴趣

诗歌作为一种独特的文学形式，以其高度凝练的语言和丰富的意象，深受文学爱好者的喜爱。然而，对于许多学生来说，诗歌的理解和欣赏并非易事。因此，激发学生对诗歌的兴趣成为诗歌鉴赏课程的首要目标。通过这一目标的实现，学生能够在学习过程中保持积极性和主动性，从而更好地投入诗歌的学习和研究中。经典诗歌具有恒久的艺术价值和文化内涵，是激发学生诗歌兴趣的重要资源。通过对经典作品的学习和赏析，学生能够感受到诗歌的独特魅力，从而激发他们对诗歌的热爱和兴趣。

2. 提升审美鉴赏能力

诗歌作为一种高度艺术化的文学形式，其审美价值在于语言的精炼、意象的丰富以及情感的深沉。提升学生的审美鉴赏能力，是诗歌鉴赏课程的重要目标之一。通过这一目标的实现，学生能够在欣赏诗歌的过程中，培养自己的审美意识和审美能力，从而提高文学素养和文化修养。诗歌语言的审美在于其高度凝练、节奏感强以及丰富的表现力。通过对诗歌语言的分析和品味，学生能够体会到诗歌语言的美好和精妙，从而提升自己的语言审美能力。在教学过程中，教师可以通过对诗歌语言的细致分析，帮助学生理解和欣赏诗歌语言的美。诗歌中的意象往往具有丰富的象征意义和深层内涵，是诗人情感和思想的载体。通过对诗歌意象的理解和欣赏，学生能够更好地把握诗歌的情感和主题，从而提升自己的审美鉴赏能力。

3. 增强语言表达能力

诗歌的学习不仅在于欣赏和理解，还在于通过创作和评论，提升学生的语言表达能力。这一目标的实现，不仅能够提高学生的写作能力，还能培养他们的逻辑思维和表达技巧，从而为其未来的发展打下坚实的基础。诗歌创作是一种高度艺术化的语言表达形式，通过诗歌创作学生可以提高自己的语言表达能力和创造力。在诗歌创作的过程中，学生需要选择恰当的语言和意象，表达自己的情感和思想，从而提升自己的语言表达能力。诗歌评论是一种重要的文学批评形式，通过诗歌评论的写作，学生可以提高自己的批判性思维和分析能力。在诗歌评论的写作过程中，学生需要对诗歌进行细致的分析和评价，表达自己的见解和观点，从而提升自己的语言表达能力。

（二）教学内容设计

教学内容是诗歌鉴赏课程的核心部分，它不仅决定了学生学习的知识广度和深度，也影响着学生对诗歌的兴趣和理解能力。教学内容应围绕经典诗歌展开，选择不同时期、不同风格的代表性作品进行讲解与分析。

古典诗歌是中国文学史上的瑰宝，具有独特的艺术魅力和深厚的文化内涵。通过对古典诗歌的学习，学生可以了解中国古代诗人的思想感情和艺术创造，提升自己的文学素养和审美能力。《诗经》是中国最早的一部诗歌总集，收录了从西周初年至春秋中叶的诗歌305篇。这些诗歌分为风、雅、颂三类，内容涵盖了劳动、爱情、战争、祭祀等多个方面，反映了当时社会的生活和风貌。通过对《诗经》的学习，学生可以了解中国古代诗歌的起源和发展，体会到诗歌语言的简洁与优美。在教学过程中，教师可以选择《诗经》中的经典篇目，如《关雎》《蒹葭》等，进行详细讲解和赏析。通过分析这些诗歌的语言、结构和意象，帮助学生理解其思想内涵和艺术特点。例如，《关雎》描绘了一幅优美的爱情画面，通过反复咏叹"关关雎鸠，在河之洲"，展现了诗人对爱情的向往和追求；《蒹葭》则通过"蒹葭苍苍，白露为霜"这一自然景象，表达了对理想和目标的执着追求。唐诗和宋词是中国古典诗歌的巅峰时期，代表了中国古代诗歌创作的最高成就。唐诗风格多样，形式丰富，涌现出李白、杜甫、白居易等众多伟大的诗人；宋词则以婉约和豪放两大派别著称，代表人物有苏轼、李清照等。在教学过程中，教师可以选择唐诗和宋词中的经典作品进行详细讲解和赏析。例如，李白的《静夜思》通过简单而生动的语言，表达了诗人对故乡的思念之情；杜甫的《春望》通过描写战乱中的春景，表达了诗人对国家和人民的深切关怀。宋词方面，教师可以选择苏轼的《念奴娇·赤壁怀古》进行赏析，通过分析其豪放的风格和深厚的历史感，帮助学生理解宋词的艺术魅力。

现代诗歌是在新文化运动后兴起的文学形式，具有思想深度和情感表现的独特特点。通过对现代诗歌的学习，学生可以感受现代诗人的思想情感和艺术追求，提升自己的文学审美和批判性思维能力。艾青是中国现代诗歌的重要代表之一，其作品以深刻的思想内容和独特的艺术风格著称。艾青的诗歌常常关注社会现实，表达对祖国和人民的热爱，对黑暗和压迫的不满，以及对光明和自由的追求。在教学过程中，教师可以选择艾青的代表作《大堰河——我的保姆》进行讲解和赏析。通过分析这首诗的结构和语言，帮助学生理解艾青对养育自己的保姆大堰河深厚的感情，体会到诗人对苦难人民的同情和对美好生活的向往。教师还可以选择《雪落在中国的土地上》等作品，进一步展现艾青诗歌的思想深度和艺术魅力。

外国诗歌是拓宽学生文学视野、提升文化素养的重要内容。通过对外国经典诗歌的学习，学生可以了解不同文化背景下的诗歌创作，体会到世界文学的多样性和丰富性。莎士比亚是英国文艺复兴时期最伟大的诗人和剧作家，其诗歌以深刻的思想内容和优美的语言艺术著称。莎士比亚的十四行诗（Sonnet）是其诗歌创作的代表，具有高度的艺术价值和文学意义。在教学过程中，教师可以选择莎士比亚的经典十四行诗，如《Sonnet 18》进行讲解和赏析。通过分析这首诗的结构和语言，帮助学生理解莎士比亚对永恒美的追求和对时间流逝的思考。

（三）教学方法选择

在诗歌鉴赏课程中，采用多样化的教学手段是激发学生参与兴趣的重要方法。以下是具体的教学方法解析：

（1）互动式教学。互动式教学通过师生互动和学生之间的互动，鼓励学生积极参与课堂讨论，表达自己的见解。这种教学方法不仅能提升学生的学习积极性，还能促进他们对诗歌的深入理解。在课堂上，教师可以通过提问引导学生思考和讨论诗歌的内容、主题和艺术特色。例如，在讲解李白的《静夜思》时，教师可以提问"你觉得这首诗表达了诗人怎样的情感?""诗中'床前明月光'描绘了怎样的景象?"通过这些提问,学生能够积极参与课堂活动,表达自己的见解,提升语言表达能力。教师还可以组织小组讨论或全班辩论,就诗歌的主题、意象和情感等方面进行深入探讨。例如,在讨论杜甫的《春望》时,教师可以引导学生讨论"诗人通过哪些景物描写表达了对国家的担忧和对人民的关怀?"通过讨论与辩论,学生能够交流观点、激发思维,深入理解诗歌的内涵。教师在课堂上应及时对学生的回答和讨论进行反馈,肯定学生的优点,指出不足之处,并提出改进建议。即时反馈能够帮助学生发现问题、改进学习方法,提高学习效果。

（2）情景教学。情景教学通过情景模拟和角色扮演,让学生更好地融入诗歌的情境中,体验诗歌的情感与意境。这种教学方法能够增强学生的共鸣感和理解力。教师可以设计与诗歌内容相关的情景,让学生进行情景模拟。例如,在学习《春江花月夜》时,教师可以布置教室环境,播放江水潺潺的声音,让学生闭上眼睛,想象自己置身于春江花月夜的情景中。通过这种情景模拟,学生能够更直观地感受到诗歌的意境,体会诗人所表达的情感。

角色扮演是另一种有效的情景教学方法。教师可以让学生扮演诗中的人物或诗人本人,通过角色扮演,学生能够更深入地理解诗歌内容和情感。例如,在学习《念奴娇·赤壁怀古》时,教师可以让学生分别扮演苏轼和诗中的人物,通过对话和表演,再现诗歌中的场景和情感。通过角色扮演,学生不仅能够加深对诗歌的理解,还能提高表达和表演能力。

（3）创作实践。创作实践通过鼓励学生进行诗歌创作,加深他们对诗歌的理解与感悟。这种教学方法不仅能提高学生的创作能力,还能培养他们的审美能力和情感表达能力。教师可以组织诗歌创作活动,鼓励学生根据自己的生活经历和情感体验,创作属于自己的诗歌。在创作过程中,学生需要选择恰当的语言和意象,表达自己的情感和思想。例如,教师可以布置一个创作主题,如"春天的记忆"或"我的故乡",让学生用诗歌的形式表达自己的感受和体会。通过诗歌创作,学生能够更加深刻地理解诗歌的语言艺术和情感表达,提高自己的创作水平。教师还可以组织诗歌朗诵会或创作展示会,让学生展示自己的作品,并进行交流和点评。通过这种方式,学生能够互相学习和借鉴,提高创作能力和审美水平。教师还可以对学生的作品进行点评,指出优点和不足,提出改进建议,帮助学生不断提高创作水平。在创作实践中,教师应给予学生充分的自由和支持,鼓励他们大胆尝试和创新。通过创作实践,学生不仅能够提高诗歌创作能力,还能培养独立思考和自主学习的能力,为未来的发展打下坚实的基础。

二、现代文阅读与分析课程设计

通过对小说类作品、散文类作品和议论文类作品的全面学习,学生能够在阅读理解能力、批判性思维和表达能力等方面得到全面提升(表 3-2)。

表 3-2 现代文阅读与分析课程设计

教学设计要素	具体内容
课程目标	提高阅读理解能力:通过阅读和分析现代文学作品,掌握阅读技巧,提升文本理解与信息提取能力
	培养批判性思维:通过对现代文本的逻辑结构和论证方法的分析,培养逻辑思维和批判性思维能力
	增强表达与写作能力:通过文本分析与写作练习,提升语言表达与写作能力
教学内容设计	小说类作品:通过对张爱玲的作品《倾城之恋》叙事结构、人物塑造和情感表达的分析,探讨其文学价值和艺术特色;对张爱玲作品《红玫瑰与白玫瑰》分析人物关系和情感纠葛,理解对女性命运和社会现实的思考
	散文类作品:分析朱自清的《背影》的语言艺术和情感表达,体会对父亲深厚的爱和思念;分析朱自清的《荷塘月色》的景物描写和情感表达,体会对自然的热爱和对人生的思考
	议论文类作品:分析《南方周末》时评语言风格和论证方法,学习有力表达和说服;分析经典杂文论证方法和语言风格,理解对社会现实的批判和思考
教学方法选择	自主阅读:提供具有代表性和现实意义的现代文学作品阅读清单,指导学生制订阅读计划,撰写阅读报告和读书笔记,组织阅读分享会
	小组讨论:合理分组设定明确主题和问题,教师引导和协调讨论,讨论记录和汇报
	写作练习:通过仿写练习,指导学生在保持原作结构和风格的基础上进行创作

(一)课程目标

通过对现代文的阅读与分析,学生能够掌握阅读技巧,培养批判性思维,提升表达和写作能力,为他们在学术研究和社会实践中打下坚实基础。以下是课程的具体目标:

1. 提高阅读理解能力

阅读理解能力是学生学习和发展的基础能力之一。通过现代文的阅读与分析,学生可以提升文本理解与信息提取能力,从而提高整体的阅读水平:通过对现代文作品的阅读,学生能够学习和掌握不同类型文本的阅读技巧,如快速浏览、细读、提取关键信息等;通过对现代文的深入分析,学生能够理解文本的主旨和作者的意图，抓住文本的核心内容；通过对现代文作品的阅读，学生能够有效提取和整理文本中的重要信息，提高信息处理能力。

2. 培养批判性思维

通过对现代文化的批判性分析，学生可以培养逻辑思维和批判性思维能力。通过对现代文本的逻辑结构和论证方法的分析，学生能够培养清晰的逻辑思维能力。通过对现代文学作品的批判性分析，学生能够学会从不同角度思考问题，提出独立见解，培养批判性思维能力。

3. 增强表达与写作能力

语言表达和写作能力是学生综合素质的重要组成部分。通过文本分析与写作练习，学生能够提升语言表达与写作能力。通过对现代文的阅读和分析，学生能够学习和借鉴优秀的语言表达方式，提升口头和书面表达能力。通过文本分析和写作练习，学生能够提高写作技巧和写作水平，掌握不同类型文章的写作方法。

（二）教学内容设计

现代文阅读与分析课程的教学内容应选择具有代表性和现实意义的现代文作品，涉及不同题材与风格，满足学生多样化的学习需求。

小说类作品是现代文学的重要组成部分，具有丰富的艺术价值和思想内涵。通过对小说的阅读和分析，学生可以提升分析能力和理解能力。张爱玲是中国现代文学的重要作家，其小说作品以细腻的笔触和深刻的情感著称。通过对张爱玲小说的阅读和分析，学生可以提升审美能力和情感表达能力。通过对《倾城之恋》的阅读和分析，学生可以了解小说的叙事结构、人物塑造和情感表达。教师可以引导学生分析小说中的爱情观和人生观，探讨其文学价值和艺术特色。通过对《红玫瑰与白玫瑰》的阅读和分析，学生可以了解小说的叙事方式和主题表达。教师可以引导学生分析小说中的人物关系和情感纠葛，理解张爱玲对女性命运和社会现实的思考。

散文类作品以其自由的形式和优美的语言，表现出深厚的情感和丰富的思想内涵。通过对散文的阅读和品味，学生可以提升审美能力和情感表达能力。朱自清是中国现代散文的代表作家，其散文作品以清新质朴的风格和深沉的情感著称。通过对朱自清散文的阅读和分析，学生可以提升审美能力和文学素养。通过对《背影》的阅读和分析，学生可以了解散文的语言艺术和情感表达。教师可以引导学生分析散文中的细节描写和情感线索，体会朱自清对父亲深厚的爱和思念。通过对《荷塘月色》的阅读和分析，学生可以了解散文的意境和语言美感。教师可以引导学生分析散文中的景物描写和情感表达，体会朱自清对自然的热爱和对人生的思考。

议论文类作品通过严谨的逻辑和有力的论证，表达作者的观点和立场。通过对议论文的阅读和分析，学生可以培养批判性思维和逻辑思维能力。时评是一种对社会现象和时事热点进行评论和分析的文体，通过对时评的阅读和分析，学生可以提升批判性思维和逻辑思维能力。可以通过对《南方周末》时评的阅读和分析，使学生了解时评的语言风格和写作技巧。教师可以引导学生分析时评中的语言运用和论证方法，学习如何进行有力的表达和说服。杂文的阅读和分析，学生可以提升批判性思维和逻辑思维能力。通过对经典杂文的阅读和分析，学生可以了解杂文的语言艺术和思想内容。教师可以引导学生分析杂文中的论证方法和语言风格，体会杂文对社会现实的批判和思考。

（三）教学方法选择

在现代文阅读与分析课程中，采用多样化的教学方法能够有效提升学生的阅读理解能力、批判性思维以及表达能力。以下是具体的教学方法解析：

1. 自主阅读

通过自主阅读，学生能够根据个人兴趣和需要，自主选择和阅读现代文作品，从而提升阅读理解和信息提取能力。自主阅读的首要目标是激发学生的阅读兴趣，使他们在阅读过程中保持积极性和主动性。教师可以提供一份包含具有代表性和现实意义的现代文作品的阅读清单，涵盖不同题材、风格和主题，满足学生多样化的阅读需求。通过这份阅读清单，学生可以有选择地进行自主阅读，逐步积累阅读经验和文学知识。为了确保自主阅读的效果，教师可以指导学生制订阅读计划，明确阅读目标、时间安排和阅读进度。通过制订阅读计划，学生可以合理安排时间，提高阅读效率和质量。为了帮助学生更好地理解和反思阅读内容，教师可以要求学生撰写阅读报告和读书笔记。阅读报告应包括对作品的整体评价、主要内容和主题分析，以及个人的阅读体会和感悟。读书笔记则可以记录阅读过程中发现的精彩片段、疑问和思考。通过撰写阅读报告和读书笔记，学生能够加深对文本的理解，提升阅读分析和表达能力。

教师可以定期组织阅读分享会，让学生分享自己的阅读收获和体会。在分享会上，学生可以介绍自己阅读的作品，交流阅读心得和感受，并就作品中的疑问和难点进行讨论。通过阅读分享会，学生不仅能够相互学习和借鉴，还能提升表达和交流能力，增强阅读的兴趣和动力。

2. 小组讨论

小组讨论能够激发学生的思维碰撞和灵感交流，帮助学生从不同角度理解和分析文本。在讨论过程中，学生需要聆听和回应他人的观点，这不仅能够提高他们的表达和沟通能力，还能培养合作精神和团队意识。小组讨论还可以帮助学生克服学习中的困难和疑惑，通过集体智慧找到解决问题的方法和途径。在小组讨论中，教师可以根据学生的兴趣、能力和性格特点，合理分组。每个小组成员应具有一定的多样性，以便在讨论中产生丰富的观点和见解。教师可以采取随机分组、指定分组或学生自选分组等方式，根据具体情况灵活调整。为确保小组讨论的有效性，教师应为小组讨论设定明确的主题和问题。讨论主题应紧扣现代文文本，具有一定的深度和广度，能够引发学生的思考和探讨。例如，在分析鲁迅的《阿Q正传》时，教师可以设定"阿Q这一人物形象的象征意义"和"小说对封建社会的批判"等主题，指导学生进行深入讨论。在小组讨论过程中，教师应发挥指导和引导作用，确保讨论有序进行。教师可以为每组指定一名讨论主持人，负责组织和协调讨论过程，确保每个成员都有发言机会。教师还应在讨论过程中巡视各组，解答学生的疑问，适时提供指导和反馈。为了确保讨论的效果，教师可以要求每组学生在讨论过程中进行记录，整理讨论的主要观点和结论。讨论结束后，各组可以派代表进行汇报，分享讨论结果和体会。通过讨论记录和汇报，学生可以总结和反思讨论过程中的收获和不足，提高讨论的质量和效果。

3. 写作练习

写作练习能够帮助学生巩固和深化对现代文文本的理解，通过文字表达展现自己的思考和感悟。在写作过程中，学生需要组织和表达自己的观点，这不仅有助于提升语言表达能力，还能培养逻辑思维和结构意识。此外，写作练习还可以帮助学生积累写作经验，提高写作水平，为未来的学术和职业发展打下良好的基础。教师可以选择现代文中的经典作品，指导学生进行仿写练习。仿写练习要求学生在保持原作结构和风格的基础上，运用自己的语言和表达方式进行创作。例如，教师可以选择朱自清的《背影》作为仿写对象，要求学生以同样的细腻笔触和情感表达，创作一篇描写亲情的散文。通过仿写练习，学生可以学习和借鉴优秀作家的写作技巧和艺术手法，提升自己的创作能力。教师可以要求学生撰写文本评论，对所学现代文作品进行分析和评价。文本评论应包括对作品的整体评价、主要内容和主题分析，以及个人的阅读体会和感悟。通过写作文本评论，学生可以加深对文本的理解，提高批判性思维和写作能力。为了帮助学生提高写作水平，教师应对学生的写作练习进行及时的反馈和指导。教师可以通过批改作业、面谈交流等方式，指出学生写作中的优点和不足，并提出改进建议。教师还可以组织写作修改活动，指导学生根据反馈意见进行修改和完善，从而提高写作质量和水平。

三、古代文学作品研究项目设计

通过科学合理的项目设计，学生不仅能够深入理解和掌握古代文学作品的精髓，还能在学术素养和综合能力方面得到全面提升，为未来的发展打下坚实的基础（表 3-3）。

表 3-3　古代文学作品研究项目设计

教学设计要素	具体内容
项目目标	培养学术研究能力：掌握学术研究方法和技巧，提升学术论文写作能力
	激发创新能力：自主选题与创新研究，发现问题，提出新观点和新方法
	增强团队合作精神：通过团队合作，提升团队沟通、协调和集体决策能力
项目内容设计	文献综述：学习利用学术数据库和图书馆资源进行文献检索；收集、整理相关文献资料，形成文献资料库；阅读分析相关文献，撰写文献综述，梳理研究现状，发现研究空白和不足
	文本分析：选择具有研究价值的古代文学作品，如《红楼梦》《西游记》等，介绍作品的创作背景、作者生平和历史背景；细致阅读和分析作品，挖掘主题思想、人物形象、艺术手法和文化内涵；整理和总结文本分析结果，形成研究报告
	学术论文写作：学习学术论文的结构；根据研究内容撰写学术论文；在导师指导下，对论文进行多次修改和完善；了解学术论文发表流程，向学术期刊投稿
项目方法选择	自主选题：根据个人兴趣和研究方向，自主选择研究课题并制订研究计划；提供选题指导，组织选题讨论会；确认研究课题，制订详细研究计划
	团队合作：根据学生研究兴趣和能力合理组建研究团队；团队成员明确分工，合理分配任务；建立合作机制，定期召开团队会议，交流研究进展和问题；分享研究成果，交流心得，集思广益，形成完整研究报告和学术论文
	导师指导：每周一次或每两周一次，了解研究进展，提供指导和反馈；针对特别问题或困难，提供更多关注和帮助；对研究成果进行反馈和评价，提出改进建议；推荐文献资料、提供数据库使用方法、指导数据分析工具应用

（一）项目目标

古代文学作品研究项目旨在通过系统的学术训练和实践，培养学生的学术研究能力、创新能力与团队合作精神。具体目标包括：其一，培养学术研究能力。通过对古代文学作品的深入研究，学生将学习并掌握学术研究的方法和技巧，提升学术研究与论文写作能力。这不仅包括文献检索、资料分析和研究设计，还包括学术论文的规范写作和发表。其二，激发创新能力。项目强调自主选题与创新研究，鼓励学生在研究过程中发现问题，提出新观点和新方法，激发创造力与创新能力。通过探索和解决实际问题，学生将提升独立思考和创新能力。其三，增强团队合作精神。团队合作是现代学术研究的重要方式。通过团队项目，学生将学习如何与他人合作，分工协作，共同完成研究任务。这包括团队沟通、协调和集体决策，培养学生的团队合作与沟通协调能力。

（二）项目内容设计

项目内容设计应围绕古代文学作品展开，选择具有研究价值与学术意义的课题进行深入研究。具体包括以下三个方面：其一，文献综述。通过对相关文献的梳理与综述，学生可以了解研究现状与前人研究成果，为自己的研究奠定基础。学生学习如何利用学术数据库和图书馆资源，进行高效的文献检索，找到与研究课题相关的学术论文、专著和研究报告。学生收集、整理和分类相关文献资料，形成系统的文献资料库。学生阅读和分析相关文献，掌握前人研究的主要观点、研究方法和结论。学生将撰写文献综述，梳理研究现状，发现研究空白和不足，为后续研究提供依据。其二，文本分析。通过对古代文学作品的细读与分析，学生将深入挖掘作品的主题思想、艺术特色与文化价值。学生可以选择具有研究价值和学术意义的古代文学作品，如《红楼梦》《西游记》《诗经》等。介绍作品的创作背景、作者生平和历史背景，为文本分析提供必要的信息。并对选定的作品进行细致的阅读和分析，挖掘作品的主题思想、人物形象、艺术手法和文化内涵。最后整理和总结文本分析的结果，形成系统的研究报告。其三，学术论文写作。通过规范的学术论文写作，学生将提升学术表达与写作能力：学习学术论文的结构，包括摘要、引言、文献综述、研究方法、研究结果、讨论与结论等部分；根据研究内容撰写学术论文，确保论文的逻辑清晰、层次分明；在导师的指导下，对论文进行多次修改和完善，确保论文的质量和水平；如何向学术期刊投稿，了解学术论文的发表流程。

（三）项目方法选择

在项目方法选择上应注重学生的自主研究与团队合作，通过自主选题、团队合作和导师指导，确保研究项目的顺利进行和目标的实现。

1. 自主选题

通过自主选题，学生能够根据个人兴趣和研究方向、自主选择研究课题并制订研究计划，培养自主学习和独立研究的能力。教师应为学生提供选题指导，帮助他们明确研究方向和选题思路。教师可以推荐一些具有研究价值的古代文学作品和相关研究问题，供学生参考和选择。教师可以组织选题讨论会，让学生分享自己的选题思路和初步计划。通过讨论，学生可以获得同学和教师的反馈和建议，完善选题方案。在选题讨论和指导的基础上，学生需要最终确认自己的研究课题，并制订详细的研究计划。研究计划应包括研究目标、研究内容、研究方法、时间安排等，确保研究工作的有序进行。

2. 团队合作

通过组建研究团队，学生可以分工合作，共同完成研究项目，提高团队协作和集体智慧的运用能力。教师可以根据学生的研究兴趣和能力，合理组建研究团队。每个团队应由 3—5 名成员组成，确保团队规模适中，便于合作和管理。团队组建后，成员需要明确分工，合理分配任务。每个成员应根据自己的特长和兴趣，承担相应的研究任务，如文献综述、文本分析、论文写作等，确保每个成员都能充分发挥作用。团队应建立有效的合作机制，制订团队工作计划和时间表，定期召开团队会议，交流研究进展和问题。团队成员应相互支持和帮助，确保合作的顺利进行。团队成员应定期分享各自的研究成果，交流研究心得和体会，集思广益，共同完善和提高研究水平。最终，团队应将各自的研究成果整合，形成完整的研究报告和学术论文。

3. 导师指导

通过导师的定期指导与反馈学生可以获得专业的学术指导和支持，解决研究中的问题和困难，提高研究的科学性和规范性。教师应安排定期的指导时间，如每周一次或每两周一次，了解学生的研究进展，提供及时的指导和反馈。指导内容应包括选题确定、研究计划制订、文献综述撰写、文本分析方法、论文写作等各个环节。在定期指导的基础上，教师还应根据学生的具体情况和需求，提供个别辅导。对于遇到特别问题或困难的学生，教师应给予更多地关注和帮助，确保他们能够顺利完成研究任务。教师应对学生的研究成果进行及时的反馈和评价，指出存在的问题和不足，提出改进建议。通过反复的反馈和修改，学生可以不断提高研究水平和质量。教师还要为学生提供必要的资源支持，如推荐相关的文献资料、提供学术数据库的使用方法、指导数据分析工具的应用等，确保学生在研究过程中能够获得充分的资源和支持。

第四章　大学语文教学模式的创新

第一节　翻转课堂教学模式在大学语文教学中的应用

一、翻转课堂教学法模式概述

翻转课堂（Flipped Classroom）作为一种新兴的教学模式，在近年来受到了广泛的关注和应用。"翻转课堂"教学模式指学生在课下完成知识的学习，课堂变成了老师和学生之间以及学生和学生之间的互动。❶ 翻转课堂的基本理念是将传统课堂教学的时间与空间重新配置，通过信息技术手段，将知识传授的过程前置到课外，学生在课前通过观看教学视频、阅读教材和其他相关资料进行自主学习，课堂内则重点进行知识的应用、讨论、答疑和实践活动。翻转课堂的实施不仅改变了教师与学生的角色定位，也带来了教学方式的深刻变革。

翻转课堂是一种颠覆传统教学模式的教育方法，其核心在于将知识传授和知识应用的位置进行对调。教师通过录制视频、制作课件等方式，将知识传授的过程提前到课外，学生在课堂外通过自主学习掌握基础知识，课堂时间则主要用于师生互动、实践应用和问题解决。翻转课堂的核心理念是"以学生为中心"，强调学生在学习过程中的主动性和主体性。通过翻转课堂，学生能够按照自己的节奏进行学习，有助于提高学习的效率和效果。此外，翻转课堂还注重培养学生的批判性思维和问题解决能力，鼓励学生在课堂上积极参与讨论和实践。

二、翻转课堂教学模式的理论基础

翻转课堂教学模式的成功实施依赖于多个理论基础的支持，这些理论为翻转课堂的设计和实施提供了科学依据。

（一）建构主义学习理论

建构主义学习理论认为，学习是一个主动的建构过程，学生通过与环境和他

---

❶ 王瑞烽，邢红兵，彭志平．汉语进修教育理论与实践[M]．北京：中国书籍出版社，2016：174.

人的互动，逐步构建起自己的知识体系。建构主义的基本观点包括：知识不是被动接受的，而是主动建构的；学习者不是孤立存在的，而是在社会文化背景下进行的；学习的过程是一个建构意义的过程。

在翻转课堂中，学生通过自主学习，结合个人已有的知识经验，主动建构新的知识体系。教师在设计教学活动时，会提供多样化的学习资源，如视频、课件、在线测验等，让学生在课前通过自主学习掌握基础知识。在课堂上，学生通过互动和实践进一步深化和完善这一过程。建构主义强调学习过程中的主动性和社会性，翻转课堂则通过课前自主学习和课堂互动活动，充分体现了这一理念。学生在自主学习过程中，不仅获取了知识，还在与同学和教师的互动中建构了对知识的深层理解。这种学习方式不仅提升了学生的自主学习能力，还培养了他们的批判性思维和问题解决能力。

（二）人本主义学习理论

人本主义学习理论强调以学生为中心，关注学生的个体差异和心理需求，主张提供一个自由、民主、支持性的学习环境。人本主义人为教育的目标是帮助个体实现自我，发挥其潜能，成为自主、自信的学习者。翻转课堂模式下，学生可以根据自己的学习节奏和需求进行学习，这一过程中，教师的角色从知识的传授者转变为学习的引导者和支持者。教师在课前提供丰富的学习资源，并在课堂上提供个性化的指导和支持，帮助学生解决学习中的问题，激发学生的内在动机和潜能。人本主义学习理论强调学习环境的重要性，翻转课堂通过创建一个自由、民主和支持性的课堂环境，使学生感受到尊重和理解，从而更加积极地投入到学习中。在这种环境下，学生不仅能够提升学业成绩，还能够发展自尊心、自信心和社会交往能力。

（三）多元智能理论

多元智能理论由霍华德·加德纳提出，认为人的智能是多元的，不同的人在不同类型的智能上有不同的优势。加德纳将智能分为语言智能、逻辑数学智能、空间智能、身体运动智能、音乐智能、人际智能、自我认知智能和自然观察智能。翻转课堂通过多种形式的教学资源和活动，为学生提供了多元化的学习机会，帮助学生在不同的智能维度上得到发展。例如，通过视频学习，满足了学生的语言智能和空间智能需求；通过讨论交流，促进了人际智能的发展；通过实践操作激发了身体运动智能。在翻转课堂中，教师可以根据学生的不同智能类型，设计相应的学习活动和评价方式，满足学生的个性化学习需求。多元智能理论的应用，使得翻转课堂不仅关注知识的传授，更关注学生综合素质的培养。

（四）自我决定理论

自我决定理论强调个体在行为上的自主性，认为自主性是内在动机的重要来源。自我决定理论认为，个体的内在动机受自主性、胜任感和关系感三个基本心理需求的影响。翻转课堂通过给予学生更多的学习选择和自主权，增强了学生的自主性和内在动机。在翻转课堂中，学生可以根据自己的兴趣和节奏选择学习内容和进度，感受到更大的自主性。课堂上的互动和讨论，帮助学生提升胜任感，同时与同学和教师的交流，增强了关系感。自我决定理论强调满足个体的基本心理需求，可以提升其内在动机，从而更积极地投入到学习中。翻转课堂通过提供自主学习的机会和支持性的课堂环境，满足了学生的自主性、胜任感和关系感需求，促进了他们的内在动机和学习效果。

（五）社会学习理论

社会学习理论认为学习是一个社会互动的过程，个体通过观察、模仿和社会互动获取知识和技能。社会学习理论强调行为、环境和个体认知之间的相互作用。在翻转课堂中，学生通过课堂内的互动讨论和合作学习，促进了学习的社会性和有效性。通过小组讨论、角色扮演、项目合作等活动，学生在与同伴的互动中，不仅巩固了知识，还学会了合作与沟通的技能。社会学习理论指出，观察和模仿是重要的学习方式，翻转课堂通过提供丰富的学习资源和互动机会，使学生能够在多样的学习情境中，观察和学习他人的经验和方法。这种互动和合作的学习方式，不仅提高了学习效果，还培养了学生的团队合作精神和社会交往能力。

三、翻转课堂教学模式的主要特点

翻转课堂作为一种创新的教学模式，具有以下几个显著的特点：

（一）自主学习与个性化学习

翻转课堂将知识传授的过程前置到课外，使学生能够根据自己的学习节奏和需求，自主安排学习时间和内容。这种自主学习方式具有多个方面的优势。

学生可以根据自己的时间安排，选择适合的时间段进行学习，避免了传统课堂中统一授课时间的限制。这种学习的灵活性不仅让学生可以更好地平衡学习与生活，还能根据自身的理解速度和掌握程度，灵活调整学习进度。比如，有些学生在早晨思维最为敏捷，可以选择早晨进行视频学习；而另一些学生则可能在晚上学习效率最高，他们则可以安排在晚上进行自主学习。每个学生的学习习惯、兴趣和理解能力不同，翻转课堂允许学生根据自己的情况选择学习的内容和进度。学生可以重复观看视频，直到理解为止；也可以通过查阅额外的资料，深入了解感兴趣的知识点。这种个性化学习方式不仅提高了学习效率，也满足了不同学生的学习需求，特别是在大学语文这样的课程中，学生的兴趣点和理解层次差异较大，自主学习显得尤为重要。

学生在翻转课堂中需要独立完成大量的课前学习任务，这要求他们具备较强的自学能力，能够通过自主探究和资源利用解决学习过程中遇到的问题。同时，自主学习也要求学生合理安排时间，逐渐培养良好的时间管理能力。这些能力对于学生未来的学习和工作都具有重要意义，不仅仅局限于语文课程，还将影响到他们在其他学科的学习和未来职业发展中。在传统教学模式中，学生往往处于被动接受知识的状态，而在翻转课堂中，学生必须主动承担起学习的责任，独立完成课前的预习任务。这种学习责任感的增强，有助于学生形成积极主动的学习态度，提高学习的主动性和积极性。

（二）互动与合作

翻转课堂强调课堂内的互动与合作，这种教学方式通过改变传统的教学模式，增强了学生之间以及师生之间的互动与交流。

在翻转课堂中，学生在课前完成了基本的知识学习，课堂时间更多地用于讨论和合作。教师可以设计各种互动环节，如小组讨论、案例分析、角色扮演等，鼓励学生积极参与到课堂活动中来。这种互动不仅有助于加深学生对知识的理解，还能培养他们的合作能力和团队精神。在讨论和合作中，学生可以相互启发，分享各自的见解和思路，形成更加全面和深刻的理解。在传统教学模式中，教师是知识的传授者，学生是知识的接受者，而在翻转课堂中，教师更多地扮演引导者和促进者的角色。教师通过设计互动活动，鼓励学生提出问题，参与讨论，激发他们的学习兴趣和热情。同时，教师也能通过互动活动，更好地了解学生的学习情况和需求，提供更有针对性的指导和支持。

互动与合作的教学方式有助于提高学生的沟通能力和表达能力。在课堂讨论和小组合作中，学生需要清晰地表达自己的观点，倾听和理解他人的意见，这对于他们的语言表达能力和人际交往能力都是一种锻炼。此外，通过互动和合作，学生也能培养批判性思维和问题解决能力，他们在合作中学会如何分析问题、提出解决方案，并共同完成任务。翻转课堂的互动与合作还能够增强学习的趣味性和参与感。相比于传统的讲授式教学，翻转课堂的互动活动更具趣味性和挑战性，能够激发学生的学习兴趣和动机。学生在互动和合作中，体验到学习的乐趣，增强了对课程的投入感和参与感，这对于提高学习效果和教学质量具有积极的作用。

（三）信息技术的广泛应用

信息技术的应用不仅提高了教学资源的可及性和多样性，也使得教学过程更加生动和富有趣味。学生在信息技术的辅助下，可以更自主、更高效地进行学习，同时也能够通过技术手段，进行更深层次的互动和交流。这种信息技术与教学的深度融合，为翻转课堂的成功实施提供了坚实的技术保障。

教师通过录制教学视频，将课程内容以视频形式呈现，学生可以在课前自主观看和学习。视频的优势在于其灵活性和可重复性，学生可以根据需要反复观看，直到完全掌握所学内容。视频还可以包含丰富的多媒体元素，如图像、动画、音频等，增强了学习的直观性和趣味性。在线学习平台可以提供课程视频、电子教材、在线测试等多种学习资源，并且可以记录学生的学习进度和学习效果，为教师提供数据支持。这些平台还通常具备交流互动的功能，学生可以通过论坛、讨论区等方式与教师和同学进行交流和讨论，进一步增强学习的互动性。多媒体课件可以将文字、图像、动画、视频等多种元素结合在一起，生动形象地呈现教学内容，提高学生的学习兴趣和注意力。电子教材则可以方便学生在课前进行预习和复习，随时查阅和使用。

（四）教学资源的丰富性

翻转课堂提供了丰富多样的教学资源，这些资源不仅包括传统的教材和教辅材料，还涵盖了视频、课件、电子教材、在线测试等多种形式。

教师通过录制视频，将课程内容详细讲解，并配以相关的示例和练习。学生可以在课前通过观看视频，提前掌握课程的基本知识和概念。视频的优势在于其灵活性和可重复性，学生可以根据需要反复观看，直到完全理解所学内容。同时，视频还可以通过加入动画、图表等多媒体元素，增强教学的直观性和趣味性。教师可以通过制作多媒体课件，将文字、图像、动画、视频等多种元素结合在一起，生动形象地呈现教学内容。电子教材则可以方便学生在课前进行预习和复习，随时查阅和使用。这些丰富的教学资源，使得学生在课前就能获得充分的学习支持，为课堂上的深入讨论和实践奠定了基础。教师通过在线学习平台设计各种形式的测试和练习，帮助学生检测自己的学习效果。在线测试的即时反馈机制，可以让学生及时发现和纠正学习中的问题，优化学习过程，提高学习效果。同时，在线测试还可以为教师提供学生学习情况的数据支持，帮助教师了解学生的学习进度和掌握情况，进行有针对性的指导。

（五）学习效果的即时反馈

翻转课堂通过在线测试、课堂讨论、作业评估等多种方式，及时了解学生的学习情况并进行反馈。这种即时反馈机制有助于学生及时发现和解决学习中的问题，优化学习过程，提高学习效果。

教师可以在在线学习平台上设计各种形式的测试题，包括选择题、填空题、问答题等，学生在课前完成测试后，系统会自动进行评估并提供即时反馈。学生通过测试可以及时了解自己的学习效果，发现知识掌握中的不足，进行有针对性的复习和改进。教师也可以通过在线测试的数据分析，了解学生的学习进度和掌握情况，进行有针对性的指导。课堂讨论是翻转课堂的重要环节，通过讨论，学生可以交流各自的理解和观点，互相启发和学习。教师在课堂上组织讨论活动，可以及时了解学生的学习情况，发现共性问题和个体差异，进行针对性的讲解和指导。讨论过程中，教师可以引导学生深入思考，提出有挑战性的问题，激发学生的思维和创造力。教师通过布置课后作业，帮助学生巩固课堂所学，并通过作业评估了解学生的学习效果。作业评估不仅包括对知识点的掌握情况，还可以考查学生的思维能力和应用能力。通过详细的评估反馈，学生可以了解自己的优势和不足，进行有针对性的改进和提高。

四、翻转课堂教学模式在大学语文教学中的具体实施

翻转课堂在大学语文教学中的实施，需要根据课程内容和学生特点，制订合理的教学设计和实施方案。以下将详细论述翻转课堂在大学语文教学中的具体实施步骤和方法，确保其有效应用于实际教学过程中。

（一）课程设计

其一，需要明确课程的教学目标和学习要求。教师必须清晰地了解学生需要掌握的知识和技能，并将这些目标具体化，以便于在教学过程中进行评估和反馈。教学目标的确定不仅包括知识的掌握，还应涵盖能力的培养和素质的提升。例如，在大学语文课程中，除了掌握基本的文学知识，还应培养学生的阅读理解能力、写作能力以及批判性思维能力。其二，制订教学计划。教师需要根据教学目标和课程内容，制订详细的教学计划和实施方案。这包括课前学习内容的安排、课堂活动的设计、课后作业的布置以及评估方式的确定。教学计划应具有系统性和连贯性，确保学生能够逐步深入地学习和掌握课程内容。在制订教学计划时，还需考虑到学生的学习特点和需求，提供多样化的学习资源和活动，激发学生的学习兴趣和动力。其三，准备教学资源。教师需要录制高质量的教学视频，制作生动形象的多媒体课件，编写详尽的电子教材等。教学视频应结合课程内容和教学目标，详细讲解知识点，并配以实例和练习，帮助学生在课前进行自主学习。多媒体课件和电子教材应内容丰富、形式多样，能够吸引学生的注意力，提高学习效果。教学资源的准备不仅要考虑到知识的传授，还要注重培养学生的思维能力和实践能力。

（二）课前学习

课前学习是翻转课堂模式中的一个重要环节，教师需要通过在线学习平台或其他方式，向学生发布课前学习任务，并提供相关的学习资料和指导意见。学习任务的发布应明确具体，使学生清楚地了解需要完成的内容和目标。教师可以通过视频讲解、课件展示、资料阅读等方式，为学生提供丰富的学习资源，帮助他们在课前掌握基础知识。在课前学习阶段，学生根据学习任务和指导意见，通过观看视频、阅读资料等方式，自主完成课前学习任务，并做好课堂上的准备工作。学生在这一过程中需要具备较强的自主学习能力和时间管理能力，能够合理安排学习时间，确保在规定时间内完成学习任务。自主学习不仅有助于学生掌握知识，还能培养他们的自学能力和独立思考能力，为课堂上的深入学习奠定基础。

（三）课堂实施

课堂实施通过组织讨论与互动、实践与应用、即时反馈与评估等方式，帮助学生深化理解和应用知识。教师在课堂上组织学生进行小组讨论、问题答疑、案例分析等活动，使学生能够在互动中加深对知识的理解。通过讨论，学生可以交流各自的看法和见解，拓宽思维的深度和广度，培养批判性思维和合作能力。在课堂实施过程中，教师还可以通过角色扮演、模拟实验、项目合作等形式，增强学生的实践能力和解决问题的能力。这些实践活动不仅使学生能够将所学知识应用于实际情境，还能提高他们的动手能力和创新能力。例如，在大学语文课程中，教师可以设计文学作品的角色扮演活动，让学生通过表演深入理解作品中的人物形象和情节发展，从而加深对作品的理解和感悟。

即时反馈与评估是课堂实施中的重要环节。教师可以通过课堂提问、即时测试、学生反馈等方式，了解学生的学习情况，进行即时反馈和评估。通过即时反馈，教师能够及时发现学生在学习中遇到的问题，并给予针对性的指导和帮助。即时评估不仅有助于学生及时调整学习策略，提高学习效果，还能为教师改进教学设计和方法提供依据。

（四）课后巩固

课后巩固需要教师在课后布置相关作业和练习，帮助学生巩固课堂上所学内容。课后作业的设计应与课堂内容紧密结合，既要复习巩固已学知识，又要拓展延伸相关内容，培养学生的综合能力。通过完成课后作业，学生能够进一步加深对知识的理解和记忆，巩固学习成果。教师对学生的作业进行评估并提供详细的反馈意见，帮助学生进一步改进和提高。评估和反馈不仅包括对作业完成情况的评价，还应包括对学生思维过程和学习态度的分析和指导。通过详细的评估反馈，学生可以了解自己的优势和不足，进行有针对性的改进和提高。教师也可以通过评估反馈了解学生的学习效果，发现教学中的问题和不足，进行教学反思和改进。

（五）教学反思与改进

教师在每次课后进行教学总结和反思，分析教学效果和学生反馈，发现问题并进行改进。教学反思不仅包括对教学内容和方法的反思，还应包括对教学过程和学生表现的分析和评价。通过教学反思，教师能够总结经验，发现问题，并提出改进措施，为下一次教学提供参考和借鉴。教师根据教学总结和反思结果，持续优化教学设计和实施方案，不断改进教学方法和手段，提升教学效果。在翻转课堂模式中，教师可以通过改进视频制作、优化课件设计、丰富教学资源等方式，不断提升教学质量和学生的学习体验。同时，教师还可以通过借鉴和吸收其他教师的成功经验，结合自身教学实际，不断创新和改进教学方法，提升教学效果。

第二节　合作学习教学模式的探索

一、合作学习教学模式概述

合作学习是一种以学生为中心的教学模式，强调学生在小组或团队中通过合作和互动，共同完成学习任务。合作学习的核心理念是通过小组成员之间的互相帮助和协作，促进个体的学习和团队的共同发展。这种教学模式不仅注重知识的传授，更强调学生的合作能力、沟通能力和团队精神的培养。合作学习教学模式与传统教学中所采用的接受式教学模式有着明显的不同，合作学习着眼于改变学生传统的、被动的、接受式的学习方式，开创积极的、主动的、开放式的学习方式。❶

在合作学习中，学生通常被分成若干小组，每个小组成员具有不同的角色和任务，大家共同努力完成学习目标。教师在这一过程中起到指导和支持的作用，通过设计适当的学习任务和活动，引导学生进行有效的合作和互动。合作学习强调每个学生的积极参与和贡献，鼓励学生之间的相互学习和支持，从而达到共同提高的目的。合作学习的具体形式多种多样，包括小组讨论、项目合作、角色扮演等。不同的合作形式适用于不同的教学内容和目标，可以灵活运用于各类课程中。在大学语文教学中，合作学习模式不仅能够提高学生的学习效率，还能激发

---

❶ 韩中. 高校体育教学体系建设研究 [M]. 北京：北京工业大学出版社, 2021：179.

学生的学习兴趣，培养他们的综合素质和能力。

二、合作学习教学模式的理论基础

合作学习教学法在大学语文教学中的有效性建立在坚实的理论基础之上，主要包括最近发展区理论、社会依赖理论、认知发展理论、自我效能理论等共同构成了这一教学方法的理论支撑。

（一）最近发展区理论

列夫·维果茨基提出的最近发展区理论是理解合作学习影响力的关键。该理论提出，学生在一个介于当前能力和潜在能力之间的区域——最近发展区中学习最为有效。此区域内的学习挑战，既非过于简单以致无聊，也非过于困难以致挫败，恰到好处地促进学习。在这一理论框架下，教师和同伴扮演支持和引导的角色，通过适度的挑战和必要的帮助，促使学生突破当前水平，达到新的认知高度。最近发展区理论特别强调社交互动在学习过程中的作用，认为学生通过与他人的合作与交流，能够更有效地构建知识和技能。在合作学习的环境中，小组成员通过共同努力解决问题，实现个人和集体的学习目标，彼此之间的协作正是实践最近发展区理论的典型方式。这种互助和共同探索的过程不仅推动了学生进入下一发展阶段，还激发了他们的内在动机，促进了自主学习。

（二）社会互赖理论

社会互赖理论强调个体在群体中的相互依赖关系，认为个体的行为和成就受到群体成员的影响。在合作学习中，学生通过相互依赖和合作，共同完成学习任务，群体的成功依赖于每个成员的努力和贡献。社会互赖理论强调群体成员之间的积极相互依赖，通过合作和支持，达到共同目标。在合作学习中，教师设计的学习任务应具有一定的挑战性和复杂性，促使学生必须依靠小组成员的合作才能完成。这种相互依赖的关系，增强了学生之间的合作意识和团队精神，培养了他们的合作能力和沟通技巧。社会互赖理论为合作学习的设计和实施提供了理论基础，强调学生在合作过程中的相互依赖和共同进步。

（三）认知发展理论

认知发展理论认为个体的认知发展是一个主动建构的过程，受环境和社会因素的影响。在合作学习中，学生通过与同伴的互动和交流，能够促进认知的发展和知识的深化。皮亚杰认为，个体的认知发展不仅依赖于自身的探索和实践，还需要在社会互动中不断调整和完善认知结构。在合作学习中，学生通过小组讨论和合作探究，能够在互相启发和交流中，拓展思维的深度和广度。合作学习的过程，实际上是学生认知发展的过程，通过与他人的互动，学生能够不断调整和优化自己的认知结构，提升学习效果。认知发展理论为合作学习提供了理论支持，强调学生在合作过程中的认知建构和发展。

（四）自我效能理论

自我效能理论由心理学家阿尔伯特·班杜拉提出，它描述了个体对自己完成特定任务的能力的信念水平。自我效能感高的学生更可能面对学习挑战时表现出持久性和积极性，因为他们相信自己能够克服困难并成功。在合作学习中自我效能感的提升尤为关键，因为它直接影响学生参与学习活动的动机和热情。通过合作学习，学生在小组成员的支持和认可中增强自我效能感，这种互动和积极的反馈有助于学生建立对自己学术能力的信心。例如，当一个学生在团队项目中成功解决问题或贡献自己的见解时，不仅提升了自己的自我效能感，也受到了其他组员的积极响应，这种经验可以极大增强其对未来学习活动的积极预期。教师在这一过程中扮演着至关重要的角色。通过设置适度的挑战、提供正面的反馈、鼓励学生表达和尝试，教师可以有效地增强学生的自我效能感。教师还应当设计使所有学生都能贡献自己力量的活动，确保每个学生都有机会感受到成功的体验，这是提升自我效能感的关键。

三、合作学习教学模式的主要特点

合作学习教学模式的主要特点包括互动性、互赖性、主动性、多样性和反思性，使其在大学语文教学中具有重要的应用价值（图4-1）。

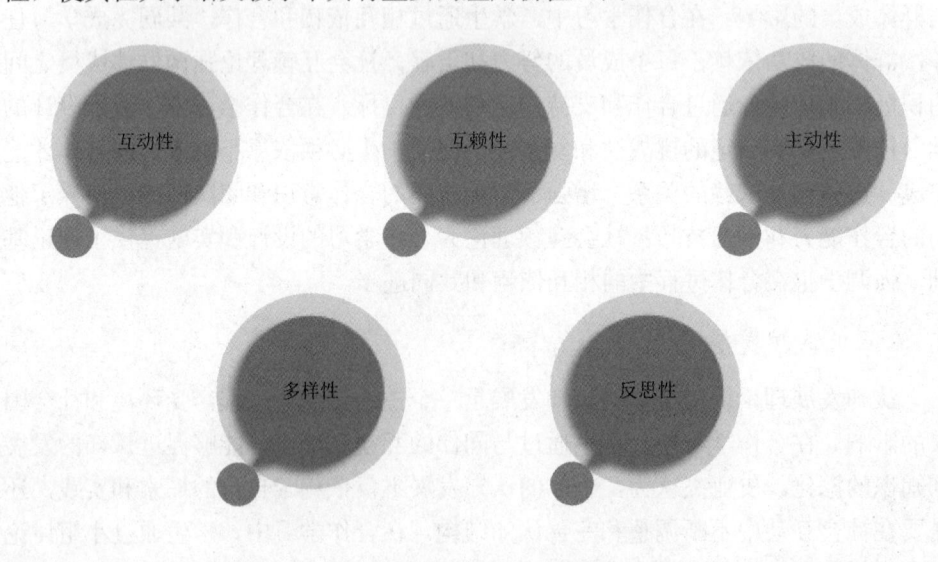

图 4-1　合作学习教学模式的主要特点

（一）互动性

在传统的教学模式中，教师往往是知识的主要传递者，学生处于被动接受的状态。而在合作学习中，学生通过小组讨论、交流和分享，成为学习的主体。这种互动不仅包括知识的传递，还涉及情感和经验的交流，使学习过程更加生动有趣，增强了学习的趣味性和参与感。在合作学习的环境中，学生们需要积极参与到小组活动中，通过与同伴的交流来深化对学习内容的理解。在大学语文课程中，学生可以通过小组讨论的形式，分享自己对文学作品的见解和感受，互相启发，深化对作品的理解。这种互动不仅有助于知识的内化，还能增强学生的语言表达能力和社交技能。

互动性不仅体现在学生之间，还体现在师生之间。教师在合作学习中扮演着引导者和促进者的角色，通过设计合理的任务和活动，激发学生的学习兴趣和动力。例如，教师可以设计一些开放性的问题，鼓励学生在小组中讨论和探讨，从而激发他们的思维和创造力。在这个过程中，教师不仅提供知识和资源，还通过及时的反馈和指导，帮助学生解决学习中的困惑和问题。互动性还体现在学习资源的共享和利用上。在合作学习中，学生们可以共享各自收集到的资料和信息，通过讨论和分析，将这些资源进行整合和利用。例如，在进行文学作品的分析时，学生可以分享自己找到的相关文献资料，通过小组讨论，形成更加全面和深入的理解。这种资源的共享和利用，不仅丰富了学习内容，还培养了学生的信息素养和研究能力。

（二）互赖性

合作学习强调小组成员之间的相互依赖，每个学生在小组中都有自己独特的角色和任务，必须通过相互协作才能完成整体任务。在大学语文的写作课程中，教师可以将学生分成若干小组，每个小组负责撰写一篇主题论文。每个学生可以承担不同的部分，如文献综述、案例分析、结论与建议等。通过这种方式，学生在完成自己的任务的同时，也要关注其他成员的进展，互相支持和帮助，以确保论文的整体质量。

互赖性不仅增强了学生的团队意识，还培养了他们的责任感和协作能力。在小组合作过程中，学生不仅要对自己的任务负责，还要对整个小组的成果负责。这种责任感促使学生更加积极主动地参与到学习活动中，提高了学习的效果和效率。互赖性还体现在学生之间的互助和支持上。在合作学习中，学生可以互相帮助，解决学习中的困难和问题。例如，在语文课程的阅读理解活动中，学生可以通过小组讨论的形式，互相解答疑问，共同探讨作品的内涵和意义。这种互助和支持，不仅有助于提高学习效果，还能增强学生的合作精神和团队意识。

（三）主动性

合作学习强调学生的主动参与和自主学习。在传统的教学模式中，学生往往处于被动接受的状态，而在合作学习中，学生成为学习的主动参与者和决策者。他们在小组中主动承担任务，积极参与讨论和决策，增强了学习的主动性和责任感。

学生的主动性体现在多个方面。其一，在任务分配和角色扮演中，学生可以根据自己的兴趣和特长选择任务和角色，主动承担责任。例如，在大学语文的项目学习中，学生可以根据自己的兴趣选择不同的主题和研究方向，主动开展研究和探讨。这种主动性不仅提高了学生的学习兴趣和积极性，还培养了他们的自主学习能力和创新能力。其二，学生在合作学习中需要积极参与到讨论和决策中，通过表达自己的观点和看法，影响小组的决策过程。例如，在小组讨论中，学生可以提出自己的见解和建议，参与讨论和辩论，通过合作和交流，形成共同的结论和方案。这种主动参与的过程，不仅提高了学生的表达能力和思维能力，还培养了他们的批判性思维和问题解决能力。其三，学生的主动性还体现在学习资源的收集和利用上。在合作学习中，学生需要主动收集和整合学习资源，通过阅读、查找资料、进行实地调研等方式，丰富和深化自己的学习内容。例如，在大学语文的研究性学习中，学生可以通过查阅图书馆资料、访问学术数据库、进行实地调研等方式，收集和整理相关资料，形成自己的研究成果。这种主动学习的过程，不仅提高了学生的信息素养和研究能力，还增强了他们的自主学习能力和创新能力。

（四）多样性

合作学习通过多样化的学习活动和任务，满足了不同学生的学习需求。学生可以根据自己的兴趣和特长选择不同的任务，在多样化的学习活动中发挥各自的优势，促进全面发展。

多样性体现在学习内容和形式的多样化。在合作学习中，教师可以设计多样化的学习任务和活动，满足不同学生的学习需求。例如，在大学语文的文学作品分析课程中，教师可以设计多种形式的学习任务，如小组讨论、角色扮演、辩论赛、作品创作等，学生可以根据自己的兴趣和特长选择不同的任务，积极参与到学习活动中。这种多样化的学习形式，不仅提高了学生的学习兴趣和积极性，还促进了他们的全面发展。多样性还体现在学习资源的多样化。在合作学习中，学生可以利用多种学习资源，通过多样化的资源整合，丰富和深化自己的学习内容。例如，在大学语文的项目学习中，学生可以利用图书馆的书籍、学术数据库的论文、网络上的视频资料等多种资源，通过整合和分析，形成自己的研究成果。这种多样化的资源利用,不仅丰富了学习内容,还提高了学生的信息素养和研究能力。多样性还体现在评价方式的多样化。在合作学习中,教师可以采用多种评价方式,全面考查学生的学习效果和综合素质。例如,教师可以通过小组自评、互评和教师评价相结合的方式,全面考查学生的学习效果和合作能力。通过多样化的评价方式,教师可以全面了解学生的学习情况,及时发现和解决学习中的问题,促进学生的全面发展。

（五）反思性

合作学习注重学生的反思和评价。在学习过程中,学生通过自我反思和小组评价,不断调整和改进自己的学习方法和策略。这种反思性学习不仅提高了学习效果,还培养了学生的批判性思维和问题解决能力。

在合作学习中,学生通过小组讨论和交流,反思自己的学习过程和成果,发现学习中的优点和不足,不断调整和改进自己的学习方法和策略。例如,在大学语文的写作课程中,学生可以通过小组讨论的形式,反思自己的写作过程和成果,总结写作中的经验和教训,提出改进的建议和措施。这种反思性学习,不仅提高了学习效果,还培养了学生的批判性思维和问题解决能力。

学生通过小组评价和互评,了解和反思自己的表现和贡献,发现自己的优点和不足,提出改进的建议和措施。例如,在小组任务完成后,教师可以组织学生进行小组评价和互评,鼓励他们对自己的表现进行反思和总结,并给予他人的表现以客观公正的评价。这种评价和反馈,不仅有助于提高学生的学习效果,还能增强他们的合作精神和团队意识。教师通过观察和参与小组讨论,了解学生的学习进展和存在的问题,并给予及时的反馈和指导。例如,在小组任务进行中,教师可以通过观察和参与小组讨论,了解学生的学习情况和存在的问题,并给予及时的反馈和帮助,帮助学生解决学习中的困难和问题。这种指导和反馈,不仅有助于提高学生的学习效果,还能增强他们的学习动力和信心。

四、合作学习教学模式在大学语文教学中的实施

合作学习教学模式在大学语文教学中的实施,需要科学合理地设计和精心组织。通过合理的小组划分与角色分配、明确的学习目标与任务、有效的小组讨论与交流、科学的评价与反馈,以及及时的反思与总结,学生能够在合作学习中积极参与和合作,提高学习效果和综合素质。

（一）小组划分与角色分配

在大学语文教学中,合理的小组划分与角色分配是合作学习成功的基础。教师可以根据学生的兴趣、能力和个性特点,将他们分成若干小组。小组的规模一

般为4—6人，既便于交流和合作，又能够保证每个成员都有机会参与其中。为了确保小组合作的有效性，教师需要进行科学的角色分配。每个小组成员应当承担不同的任务，以充分发挥各自的特长和优势。常见的角色分配包括资料搜集者、记录员、发言人、时间管理者等。资料搜集者负责查找和整理相关资料，记录员负责记录小组讨论的主要内容和结论，发言人负责在全班汇报小组的讨论成果，时间管理者负责监督和控制讨论时间，确保小组活动的有序进行。

合理的角色分配能够提高小组合作的效率，增强学生的责任感和参与感。例如，在诗歌鉴赏课程中，资料搜集者可以查找有关诗歌的背景资料，记录员记录小组成员对诗歌的分析和讨论结果，发言人在全班汇报小组的讨论成果，时间管理者则负责控制讨论时间，确保每个环节顺利进行。通过合理的角色分配，学生不仅能够在小组中发挥作用，还能够在合作过程中学会相互支持和配合，提高团队合作能力和解决问题的能力。

（二）制定学习目标与任务

在合作学习开始前，教师需要明确学习目标和任务。学习目标应当具体明确，具有可操作性和挑战性，能够激发学生的学习兴趣和动力。例如，在大学语文的文献阅读与分析课程中，教师可以设置以下学习目标：通过阅读和分析指定的文学作品，理解作品的主题和艺术特色，培养学生的批判性思维和分析能力。为了实现这些学习目标，教师需要设计具体的学习任务。学习任务应当具有针对性和实用性，能够引导学生有目的地进行学习。例如，在文献阅读与分析课程中，教师可以布置以下任务：阅读指定的文学作品，分析作品的主题和艺术特色，撰写阅读报告，并在小组中分享和讨论。具体的学习任务可以包括文献阅读、作品赏析、问题讨论等多个环节。例如，在现代文阅读与分析课程中，教师可以设置以下任务：阅读指定的现代文学作品，分析作品的结构和语言特色，撰写阅读报告，并在小组中分享和讨论。通过明确的学习目标和具体的学习任务，学生能够有目的地进行学习，提高学习的效率和效果。

（三）组织小组讨论与交流

在讨论过程中，学生通过相互启发和辩论，不断深化对知识的理解和掌握。教师可以通过设计讨论主题和问题，引导学生围绕学习内容进行深入交流。讨论主题和问题应当具有开放性和挑战性，能够激发学生的思考和讨论。例如，在诗歌鉴赏课程中，教师可以设置以下讨论主题：诗歌的主题和意象、诗人的写作风格和技巧、诗歌的艺术价值和社会意义等。

在讨论过程中，学生可以通过表达自己的观点和看法，参与讨论和辩论，形成共同的结论和方案。例如，在现代文阅读与分析课程中，学生可以围绕作品的主题和艺术特色展开讨论，分享各自的阅读体验和分析结果，通过讨论和辩论，形成对作品的深入理解和全面认识。教师在小组讨论中应当扮演引导者和协调者的角色，帮助学生克服讨论中的困难，促进讨论的有效性。教师可以通过观察和参与小组讨论，了解学生的学习进展和存在的问题，并给予及时的反馈和帮助。例如，在小组讨论过程中，教师可以通过提问和引导，帮助学生深入思考和探讨，激发他们的思维和创造力。

（四）实施合作学习任务

在合作学习的实施过程中，学生根据预定的任务和目标，进行合作学习活动。例如，在诗歌鉴赏课程中，学生可以通过小组合作，分析诗歌的主题、意象和语言特点，并分享各自的见解。在合作学习的实施过程中，教师需要提供适当的指导和支持，帮助学生顺利完成学习任务。例如，在现代文阅读与分析课程中，教师可以提供相关的文献资料和分析工具，帮助学生进行深入的研究和探讨。在古代文学作品研究项目中，教师可以指导学生进行文献查阅、数据分析和报告撰写等活动，帮助他们掌握研究的方法和技巧。通过合作学习任务的实施，学生不仅能够掌握语文知识，还能够培养他们的自主学习能力和合作能力。例如，在诗歌鉴赏课程中，学生通过小组合作，深入分析诗歌的主题和意象，提高了他们的文学素养和审美能力。在现代文阅读与分析课程中，学生通过合作阅读和讨论，增强了他们的阅读能力和批判性思维。在古代文学作品研究项目中，学生通过合作研究和撰写报告，提高了他们的研究能力和写作能力。

（五）评价与反馈

教师可以通过多种评价方式，如自评、互评和教师评定，综合评价学生的学习表现。评价应当注重过程与结果并重，既关注学生的学习成果，也关注他们在合作过程中的表现和进步。评价方式应当多样化，既包括对学习成果的评价，也包括对合作过程的评价。例如，在小组任务完成后，教师可以组织学生进行小组自评和互评，鼓励他们对自己的表现进行反思和总结，并给予他人的表现以客观公正的评价。通过多样化的评价方式，教师可以全面了解学生的学习情况，及时发现和解决学习中的问题，促进学生的全面发展。教师还可以通过及时的反馈，帮助学生认识自己的不足，改进学习方法，提高学习效果。例如，在小组讨论过程中，教师可以通过观察和参与，了解学生的学习情况和存在的问题，并给予及时的反馈和帮助，帮助学生解决学习中的困难和问题。这种指导和反馈，不仅有助于提高学生的学习效果，还能增强他们的学习动力和信心。

（六）反思与总结

在合作学习结束后，教师可以组织学生进行反思与总结。通过小组讨论和个人反思，学生可以总结自己的学习经验，分享成功的做法和遇到的问题。教师可以引导学生将反思与总结应用到今后的学习中，不断提高合作学习的质量和效果。反思与总结是合作学习的重要环节，通过反思与总结，学生能够发现自己的优点和不足，明确今后的努力方向，提高他们的学习能力和合作水平。例如，在小组任务完成后，教师可以组织学生进行小组讨论，总结任务的完成情况和合作中的经验教训，提出改进建议和措施。反思与总结还有助于培养学生的批判性思维和问题解决能力。在反思过程中，学生需要对自己的学习过程和成果进行分析和评价，发现学习中的问题和不足，并提出改进的措施和方法。这种反思性学习，不仅提高了学习效果，还培养了学生的批判性思维和问题解决能力。

第三节 项目教学模式在大学语文教学中的实施

项目教学模式在大学语文教学中的实施，不仅能够提高学生的学习兴趣和主动性，还能促进学生的综合能力和实践能力的全面发展。

一、项目教学模式概述

项目教学法就是在老师的指导下，将一个相对独立的项目交由学生自己处理，信息的收集、方案的设计、项目实施及最终评价都由学生自己负责。学生通过该项目的进行，了解并把握整个过程及每一个环节中的基本要求。❶项目教学法作为一种现代教学模式，在大学语文教学领域中逐渐显现其独特的价值和效果。这种教学法突破了传统教学的界限，通过设计和实施以项目为核心的教学活动，促进学生主动学习、探索和实践。项目具有确定的目标，有明确的开始时间和结束时间，要完成的是以前从未做过的工作。❷这种模式强调学生的主动参与和实际操作，旨在培养学生的创新能力、合作精神和解决问题的能力。

在项目教学模式中，学生通常以小组为单位，围绕一个主题或问题进行项目设计和实施。教师则主要扮演指导者和促进者的角色，提供必要的支持和帮助。项目的内容可以涉及各个学科领域，具有一定的综合性和实际应用价值。项目教学模式具有以下几个方面的优势：其一，促进学生的主动学习。项目教学模式强调学生的自主性和创造性，通过实际操作和体验，激发学生的学习兴趣和动机。

---

❶ 杨琳. 成果导向课程体系的构建、开发与实施 [M]. 北京：冶金工业出版社，2020：123.
❷ 毕经美. 项目教学及其在高职课程教学中的应用调查 [J]. 软件导刊（教育技术），2011,10(6):56–57.

其二，培养学生的综合能力。在项目实施过程中，学生需要综合运用各种知识和技能，进行资料收集、分析和解决问题，从而培养他们的综合素质。其三，增强学生的合作精神。项目教学模式通常以小组合作为基础，通过合作与交流，培养学生的团队合作精神和沟通能力。其四，提升学生的实践能力。项目教学模式注重实际操作和应用，帮助学生将理论知识与实际问题相结合，提升他们的实践能力和创新意识。

二、项目教学模式的理论基础

项目教学模式是一种以学生为中心的教学方法，其理论基础主要包括建构主义学习理论、情境学习理论和合作学习理论。这些理论共同构成了项目教学模式的基本框架，指导着教学实践中的具体操作和方法。

（一）建构主义学习理论

建构主义认为知识不是通过被动接受而是通过主动建构获得的。学生在学习过程中，通过与环境的互动和反思，逐渐形成对知识的理解和掌握。这一理论强调学生的主动性，认为学生不是知识的被动接受者，而是知识的主动建构者。

在项目教学模式中，学生通过实际项目的设计和实施，在具体情境中主动建构知识。例如，在一个科学项目中，学生可能需要设计一个实验来验证某个科学假设。通过这一过程，学生不仅掌握了科学知识，还学会了科学探究的方法。这种学习方式符合建构主义的核心理念，即通过主动探究和实践活动来建构知识。建构主义还强调学习过程中的反思。学生在项目实施过程中，不仅需要动手操作，还需要不断反思自己的学习过程和结果。这种反思可以帮助学生更好地理解和掌握知识。例如，在一个历史项目中，学生可能需要分析某个历史事件的原因和结果。在这一过程中，学生不仅要收集和整理资料，还需要对资料进行分析和反思，逐步形成对历史事件的深入理解。

（二）情境学习理论

情境学习理论强调学习的情境性，认为知识的学习和掌握离不开具体的情境。学习的过程是一个动态的过程，学习者通过在特定情境中的活动，逐步掌握和内化知识。情境学习理论认为，只有在真实或模拟的情境中进行学习，学生才能更好地理解和应用知识。项目教学模式通过将学习内容与实际项目相结合，创造真实的学习情境，帮助学生更好地掌握知识。例如，在一个工程项目中，学生可能需要设计和建造一个小型建筑模型。通过这一过程，学生不仅学习了建筑学的基本原理，还学会了如何在实际工程中应用这些原理。这种学习方式符合情境学习理论的核心理念，即通过在具体情境中的实践活动来掌握知识。情境学习理论还强调学习的社会性。学习不仅是个体的活动，也是一个社会互动的过程。学生在具体情境中，通过与他人的互动，逐步形成对知识的理解和掌握。例如，在一个商业项目中，学生可能需要组成团队，设计和实施一个商业计划。在这一过程中，学生不仅要与团队成员合作，还需要与外部专家和顾客进行交流，通过社会互动来深化对商业知识的理解。

（三）合作学习理论

合作学习理论指出学习不仅是个体的活动，也是社会的过程。通过与他人的合作与交流，学生能够相互学习、相互支持，共同完成学习任务。合作学习理论强调学习的集体性，认为学习过程中的合作与交流是知识建构的重要途径。项目教学模式通常以小组合作为基础，通过团队合作，促进学生的互助学习和共同进步。例如，在一个环保项目中，学生可能需要组成小组，设计和实施一个环保方案。在这一过程中，学生需要相互合作，分工协作，共同完成任务。通过这种合作学习，学生不仅掌握了环保知识，还培养了团队合作的能力。合作学习理论还强调学习过程中的互动。学生在合作学习中，通过与他人的交流和互动，能够不断调整和完善自己的知识结构。例如，在一个科学研究项目中，学生可能需要与小组成员讨论实验方案，通过不断的交流和讨论，逐步形成对科学问题的深入理解。这种互动过程不仅有助于知识的掌握，还能培养学生的批判性思维和问题解决能力。

三、项目教学模式的主要特点

项目教学法展现了多种特点，这些特点共同构成了其在各个教学领域中的应用价值和效果。具体如下（图4-2）：

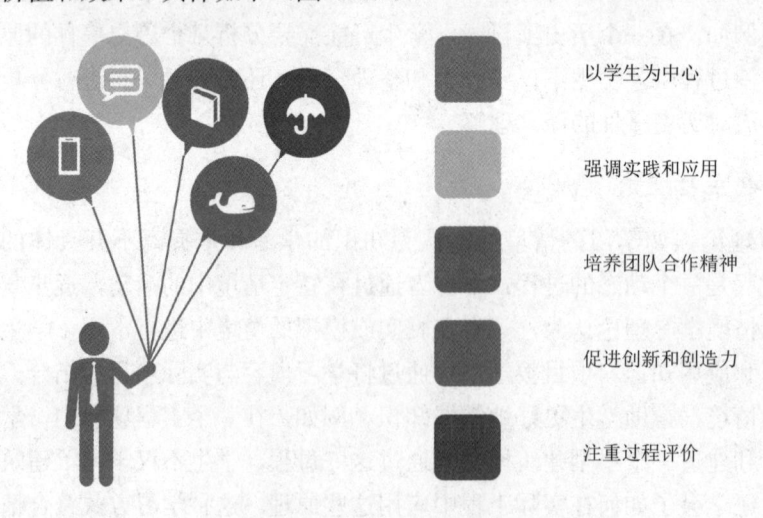

图4-2 项目教学模式的主要特点

（一）以学生为中心

项目教学模式强调学生的主体地位，注重学生的主动参与和自主学习。教师在这一模式中，不再是单纯的知识传授者，而是学习的引导者和帮助者。通过提供支持和指导，教师帮助学生在项目实施过程中解决问题和困难。这一模式的核心在于将学生置于学习的中心位置，充分激发他们的学习兴趣和主动性，使他们能够在自主探究和实践中获得知识和技能。

项目教学模式通过设计和实施实际项目，使学生在真实的情境中学习和应用知识。在这一过程中，学生不仅要完成具体的任务，还需要解决实际问题，从而提高了他们的实践能力和解决问题的能力。这样的学习方式，能够让学生在动手操作中理解和掌握知识，增强了对知识的记忆和理解。项目教学模式注重学生的个性化发展。由于每个学生的兴趣和能力各不相同，项目教学模式允许学生根据自己的兴趣和特长选择和设计项目。在这一过程中，学生能够充分发挥自己的优势，提高学习的积极性和主动性。此外，项目教学模式还强调学生的自主学习和自我管理能力，通过自主探究和项目实施，学生能够提高自我规划和时间管理能力，增强自主学习的能力。项目教学模式通过项目的设计和实施，培养学生的批判性思维和创新能力。在项目过程中，学生需要不断思考和解决问题，提出新的思路和方法，从而激发他们的创造力和创新精神。这种学习方式，不仅能够帮助学生掌握知识，还能够培养他们的思维能力和创新意识。

（二）强调实践和应用

项目教学模式注重实际操作和应用，通过真实的项目情境，让学生在实践中学习和掌握知识。学生通过动手实践，增强了对知识的理解和记忆，提高了实际操作能力和解决问题的能力。这一模式的核心在于"做中学"，即通过实际操作，使学生在实践中理解和掌握知识。

项目教学模式通过设计和实施实际项目，使学生在真实的情境中应用所学知识，解决实际问题。这种学习方式，能够让学生在动手操作中理解和掌握知识，增强对知识的记忆和理解。例如，在大学语文课程中，教师可以设计与文学作品分析、写作实践、语言表达等相关的项目，让学生在项目中锻炼和提高语文能力。项目教学模式注重实践能力的培养。在项目实施过程中，学生需要完成具体的任务，解决实际问题，从而提高他们的实践能力和解决问题的能力。这种学习方式，不仅能够提高学生的学习兴趣和积极性，还能够增强他们的实际操作能力和创新能力。例如，通过设计和实施文学作品分析项目，学生可以在实际操作中提高阅读理解和分析能力，增强写作和表达能力。项目教学模式通过实际操作，培养学生的批判性思维和创新能力。在项目过程中，学生需要不断思考和解决问题，提出新的思路和方法，从而激发他们的创造力和创新精神。这种学习方式，不仅能够帮助学生掌握知识，还能够培养他们的思维能力和创新意识。

（三）培养团队合作精神

项目教学模式通常要求学生以小组为单位，合作完成项目。这种合作学习的方式，不仅能够提高学生的沟通和协作能力，还能够培养他们的团队合作精神和集体荣誉感。

在项目实施过程中，学生需要分工合作，共同完成项目任务，从而提高了他们的团队合作能力和沟通能力。例如，在大学语文课程中，教师可以设计与文学作品分析、写作实践、语言表达等相关的项目，让学生以小组为单位，合作完成项目任务。

（四）促进创新和创造力

项目教学模式鼓励学生自主探究和创新，通过项目的设计和实施，激发学生的创造力和创新精神。学生在项目实施过程中，能够大胆尝试和探索新的思路和方法，从而培养创新能力和批判性思维。这种学习方式，不仅能够帮助学生掌握知识，还能够培养他们的思维能力和创新意识。

项目教学模式通过设计和实施实际项目，激发学生的创造力和创新精神。在项目实施过程中，学生需要提出新的思路和方法，解决实际问题，从而提高了他们的创造力和创新能力。例如，在大学语文课程中，教师可以设计与文学作品分析、写作实践、语言表达等相关的项目，让学生在项目中提出新的思路和方法，解决实际问题，从而提高他们的创造力和创新能力。在项目实施过程中，学生需要自主探究和提出新的思路和方法，解决实际问题，从而提高了他们的创造力和创新能力。

（五）注重过程评价

项目教学模式不仅关注最终的项目成果，更加注重项目实施过程中的表现和进步。通过过程评价，教师能够及时发现和解决学生在学习过程中遇到的问题和困难，帮助学生不断改进和提高。这种评价方式，不仅能够全面反映学生的学习成果，还能够促进学生的全面发展。例如，在大学语文课程中，教师可以通过过程评价，全面了解学生的学习情况，帮助他们提高阅读理解、写作表达、团队合作等方面的能力。在项目实施过程中，学生需要自主探究和解决问题，通过过程评价，教师能够帮助学生提高自我规划和时间管理能力，增强自主学习的能力。

四、项目教学模式在大学语文教学中的实施

项目教学法在大学语文教学中的具体实施是一个包含多个环节的复杂过程。以下是项目教学法在大学语文教学中具体实施的路径：

（一）项目设计与选择

在大学语文教学中，项目的设计与选择至关重要，直接关系到项目教学模式的成败。项目设计应紧密结合课程目标和学生的实际情况，力求选取那些既具有实际意义又富有挑战性的项目，以最大限度地激发学生的学习兴趣和积极性。

项目设计必须紧扣大学语文课程的教学目标，大学语文课程的目标不仅包括语文知识的传授，还涉及学生语言表达能力、写作能力、阅读理解能力以及文学欣赏能力的培养。因此，项目的设计应围绕这些目标展开。例如，设计文学作品分析项目，要求学生选取一部文学作品进行深入分析，探讨作品的主题、人物形象、叙事结构和语言风格等。这类项目不仅能加深学生对文学作品的理解，还能提高他们的分析和写作能力。在项目设计过程中，必须充分考虑学生的实际情况和兴趣爱好。不同学生的兴趣和能力各不相同，项目设计应尽量多样化，提供多种选择，以满足不同学生的需求。例如，可以设计不同类型的项目，如写作实践项目、语言表达项目、现代文阅读项目、古代文学作品研究项目等，让学生根据自己的兴趣和特长选择参与。这样，学生在进行项目时会更加投入，学习效果也会更好。项目应与学生的实际生活和社会实践紧密结合，具有一定的实际应用价值和挑战性。这样，学生在完成项目的过程中，能够将所学知识应用于实际问题的解决，从而提高实践能力和创新能力。比如，可以设计一个关于校园文化的调查报告项目，要求学生通过调查和研究，分析校园文化的现状和问题，提出改进建议。这类项目不仅能锻炼学生的调查研究能力，还能增强他们的社会责任感和参与意识。

（二）项目实施与管理

项目的实施与管理是项目教学模式成功的关键环节，教师在这一过程中应注重引导和支持，帮助学生制订项目计划和时间表，明确项目目标和任务，定期检查和评估项目进展，及时提供反馈和建议，帮助学生解决项目实施过程中遇到的问题和困难。

在项目开始前，教师应与学生一起讨论和确定项目的目标和任务，制订详细的项目计划和时间表。项目计划应包括项目的各个环节和步骤，如选题、资料收集、分析研究、撰写报告、项目展示等。时间表应明确各个环节的时间安排，确保项目能够按时完成。在项目实施过程中，教师应提供必要的指导和支持。学生

在实施项目的过程中,可能会遇到各种问题和困难,教师应及时提供帮助和指导。比如,学生在资料收集阶段可能遇到资料不足或难以找到合适资料的问题,教师可以提供一些资料来源和查找方法的建议;在撰写报告阶段,学生可能遇到结构安排和语言表达方面的困难,教师可以提供一些写作技巧和范例的指导。项目实施过程中,教师应定期检查和评估项目进展情况。通过定期检查,教师可以了解学生的项目进展情况,发现学生在项目中遇到的问题和不足,提供相应的指导和建议,帮助学生改进和提高。例如,教师可以通过定期的项目汇报会,让学生汇报项目进展情况,交流项目实施中的经验和体会,发现并解决项目中的问题和困难。

(三)项目展示与评价

通过项目展示,学生可以展示自己的项目成果,分享自己的学习经验和体会。可以组织一个项目展示会,让学生通过演讲、PPT 展示、视频播放等形式,展示自己的项目成果。在展示过程中,学生不仅能展示自己的研究成果,还能锻炼语言表达能力和沟通能力。项目评价应全面、公正,既要关注项目的最终成果,也要注重学生在项目过程中的表现和进步。教师应综合考虑项目的各个方面,如选题的意义和难度、资料的收集和分析、报告的撰写和展示等。评价应注重学生的实际表现和进步,鼓励学生的努力和创新。例如,可以设置多个评价维度,如项目内容、资料分析、报告撰写、展示表现等,综合评价学生的项目表现。项目评价应注重反馈和改进,通过评价反馈,帮助学生发现问题和不足,提供改进和提高的建议。教师可以在评价报告中,指出学生项目中的优点和不足,提出改进的建议和方法,帮助学生在后续的学习中不断改进和提高。例如,可以通过个别面谈或书面反馈的形式,向学生提供详细的评价和建议,帮助他们更好地理解和改进自己的项目。

(四)项目反思与总结

通过反思和总结,学生可以梳理项目实施过程中的经验和教训,总结成功的经验和不足之处,进一步提高认识,增强自主学习和解决问题的能力。在项目结束后,教师应组织学生进行项目反思和总结,帮助学生回顾项目实施的各个环节,梳理项目实施过程中的经验和教训。例如,可以组织一次反思和总结讨论会,让学生分享自己的项目经验和体会,交流项目实施过程中遇到的问题和解决方法。通过自主反思,学生可以全面回顾自己的项目实施过程,发现问题和不足,总结经验和教训。例如,学生可以通过写反思日记、撰写反思报告等形式,记录自己的反思和总结,分析项目实施中的优点和不足,提出改进和提高的措施。

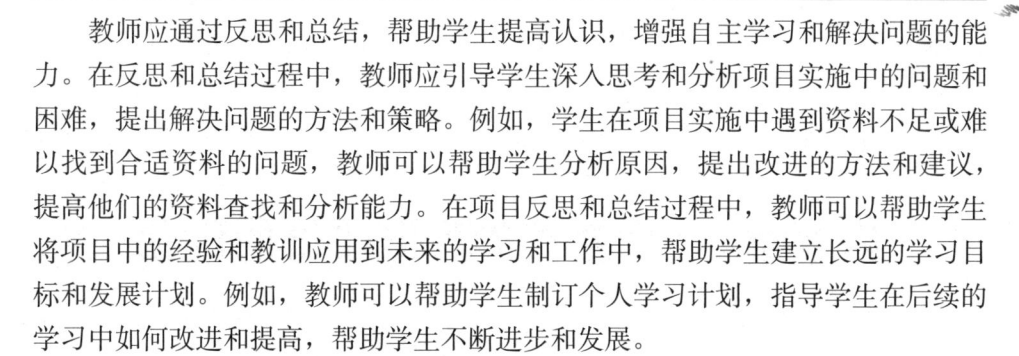

教师应通过反思和总结，帮助学生提高认识，增强自主学习和解决问题的能力。在反思和总结过程中，教师应引导学生深入思考和分析项目实施中的问题和困难，提出解决问题的方法和策略。例如，学生在项目实施中遇到资料不足或难以找到合适资料的问题，教师可以帮助学生分析原因，提出改进的方法和建议，提高他们的资料查找和分析能力。在项目反思和总结过程中，教师可以帮助学生将项目中的经验和教训应用到未来的学习和工作中，帮助学生建立长远的学习目标和发展计划。例如，教师可以帮助学生制订个人学习计划，指导学生在后续的学习中如何改进和提高，帮助学生不断进步和发展。

第五章 大学语文教学评价的优化

第一节 有效的评价体系的构建

评价体系是教育教学过程中至关重要的一环，它不仅能反馈教学效果，还能促进学生全面发展。在大学语文教学中，构建有效的评价体系尤为关键。

一、评价体系的构成要素

评价体系在大学语文教学中具有重要作用。一个完整的评价体系应当包括多个关键要素，以全面衡量学生的综合素质。以下是评价体系的基本构成要素（图5-1）：

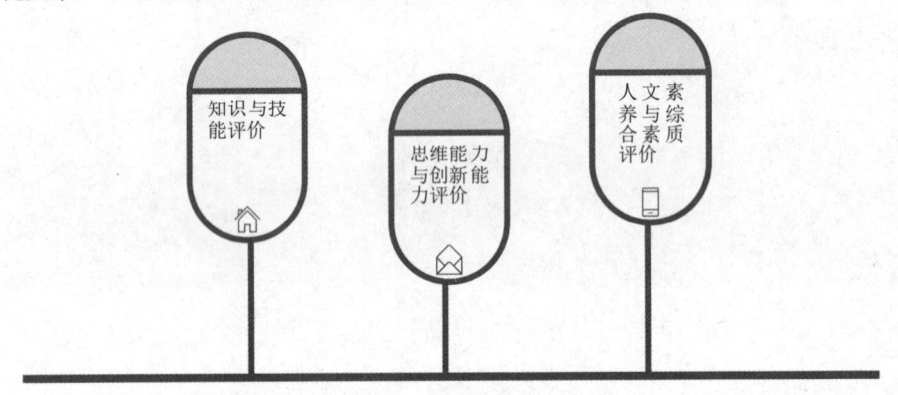

图5-1 评价体系的构成要素

（一）知识与技能评价

知识与技能评价是大学语文教学评价体系的基础部分，主要包括以下几个方面：其一，基础知识掌握情况。知识与技能评价的首要内容是考查学生对语文基础知识的掌握情况。这部分包括字词、句子、语法、文学常识等方面的知识。通过期末考试、单元测验、随堂测试等形式，教师可以了解学生在语文基础知识上的掌握程度。这不仅是对学生记忆和理解能力的考验，也是对其基本语文素养的评估。基础知识的掌握情况还能直接影响到学生在更高层次上的学习能力。只有在掌握扎实的基础知识后，学生才能在综合运用能力和语言技能上有所提升。教师通过定期的测验和考试，能够及时发现学生在基础知识掌握上的薄弱环节，并进行针对性的辅导和训练。其二，综合运用能力。综合运用能力是指学生在掌握基础知识的基础上，能否将其灵活应用于实际问题中。这部分评价主要考查学生的语文知识迁移能力和实际应用能力。通过写作、演讲、辩论等形式，可以评估学生在不同情境下的表达和沟通能力。写作是综合运用能力的重要表现形式之一。通过写作练习，教师可以了解学生在文字表达、逻辑思维和创意发挥等方面的能力。演讲和辩论则能够考查学生的口头表达能力和应变能力。通过这些形式的评价，教师可以更全面地了解学生的综合运用能力，并在教学中进行有针对性的指导和训练。其三，语言技能。语言技能包括听、说、读、写四个方面，是学生语文能力的重要组成部分。通过口语测试、阅读理解测试、写作练习等方式，可以全面评价学生的语言技能。听力测试可以考查学生在听力理解上的能力，了解其对语音、语调和内容的把握程度。口语测试则能够评估学生的口头表达能力和语言组织能力。阅读理解测试可以考查学生对文本的理解和分析能力，写作练习则能够评估学生的文字表达能力和写作水平。通过多种形式的测试和练习，教师可以全面了解学生的语言技能水平，并进行有针对性的教学和训练。

（二）思维能力与创新能力评价

思维能力与创新能力是衡量学生综合素质的重要指标。在大学语文教学中，主要包括以下几个方面：其一，批判性思维能力。批判性思维能力是指学生在阅读和理解文本时，能够进行深入分析和评价，发现和解决问题的能力。通过开放性问题、阅读报告、研究论文等形式，可以评估学生的批判性思维能力。开放性问题可以引导学生对文本进行深入思考，培养其分析和评价能力。阅读报告和研究论文则能够考查学生在阅读和研究过程中，是否能够提出独到的见解和观点。通过这些形式的评价，教师可以了解学生在批判性思维能力上的发展情况，并在教学中进行有针对性的培养和引导。其二，创造性思维能力。创造性思维能力是指学生在学习过程中，能够提出新颖的见解和观点，进行创造性的表达和创作的能力。通过创意写作、文学创作比赛等方式，可以评估学生的创造力。创意写作是培养和评估学生创造性思维能力的重要途径。通过创意写作，学生可以自由发挥想象力和创造力，表达独特的见解和观点。文学创作比赛则为学生提供了展示创作才能的平台，能够激发其创作热情和灵感。通过这些形式的评价，教师可以了解学生在创造性思维能力上的发展情况，并在教学中进行有针对性的引导和培养。其三，逻辑思维能力。逻辑思维能力是指学生能够条理清晰地组织语言、阐述观点、论证结论的能力。通过论文写作、演讲比赛等形式，可以评估学生的逻辑思维能力。论文写作是评估学生逻辑思维能力的重要途径。通过论文写作，学生需要在明确的结构框架下，条理清晰地组织语言，阐述观点，并进行有力的论证。演讲比赛则能够考查学生在口头表达中的逻辑思维能力和语言组织能力。通过这些形式的评价，教师可以了解学生在逻辑思维能力上的发展情况，并在教学中进行有针对性的培养和训练。

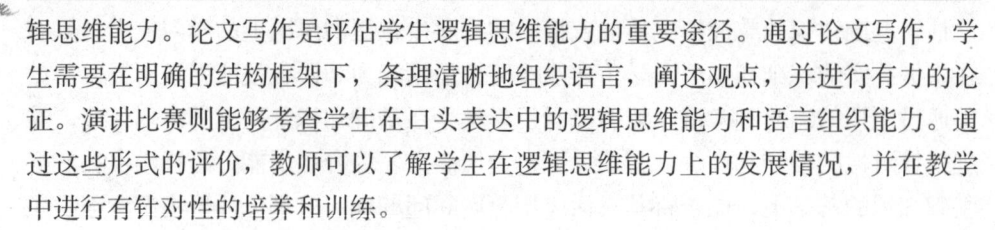

（三）人文素养与综合素质评价

人文素养与综合素质是大学语文教学评价的重要组成部分，主要包括以下几个方面：

1. 文化素养

所谓人文素养，是指通过人文知识传授、环境熏陶以及自身的实践，将人类优秀的文化成果转化为人格、气质、修养，成为人相对稳定的内在品质。[1] 通过文化讲座、文化活动参与情况、文化作品阅读报告等方式，可以评估学生的文化素养。文化讲座是提高学生文化素养的重要途径。通过聆听文化讲座，学生可以拓宽视野，增加对不同文化的了解。文化活动参与情况则能够反映学生在实际生活中对文化的兴趣和参与度。文化作品阅读报告可以考查学生在阅读文化作品过程中，能否理解和认同其中的文化价值观。通过这些形式的评价，教师可以了解学生在文化素养上的发展情况，并在教学中进行有针对性的引导和培养。

2. 道德素质

道德素质是指学生的道德品质和价值观念，尤其是对于真、善、美的追求和认同。通过社会实践活动、志愿服务活动等方式，可以评估学生的道德素质。社会实践活动是培养和评估学生道德素质的重要途径。通过参与社会实践活动，学生可以在实际生活中体验和践行道德观念，培养责任感和社会责任感。志愿服务活动则能够考查学生在服务他人和社会中的道德品质和价值观念。通过这些形式的评价，教师可以了解学生在道德素质上的发展情况，并在教学中进行有针对性的引导和培养。

3. 综合素质

综合素质是指学生在团队合作、组织管理、社会交往等方面的能力。通过小组项目、社团活动、实习报告等方式，可以全面评估学生的综合素质。小组项目是培养和评估学生团队合作能力的重要途径。通过参与小组项目，学生可以在合作中学会沟通、协调和解决问题。社团活动则能够考查学生在组织管理和社会交往中的能力和表现。实习报告可以评估学生在实际工作中的表现和能力。通过这些形式的评价，教师可以了解学生在综合素质上的发展情况，并在教学中进行有

---

[1] 中山大学学生处. 大学新生手册 [M]. 广州：中山大学出版社，2010：242.

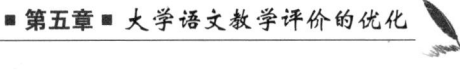

针对性的引导和培养。

二、多维度评价体系的必要性

在大学语文教学中，传统的单一评价模式存在许多局限性，无法全面反映学生的综合素质。多维度评价体系的建立，不仅能克服这些局限性，还能促进学生的全面发展。多维度评价体系的必要性主要体现在以下几个方面。

（一）单一评价模式的局限性

传统的单一评价模式主要依赖于期末考试成绩。这种模式存在多个方面的局限性，影响了学生的全面发展和综合素质的提高。

传统的评价模式评价内容单一，通常只关注知识的掌握情况，忽视了学生在思维能力、创新能力以及人文素养等方面的表现。考试成绩只能反映学生在某一特定时刻对某些知识点的记忆和理解情况，无法全面衡量学生的综合素质。这样的评价内容过于狭窄，导致学生在应对考试时可能仅仅注重记忆和背诵，而忽视了对知识的深层理解和应用。单一的知识评价也难以反映学生在解决实际问题时的能力。传统的评价方式主要采用纸笔测试，缺乏多样性和灵活性。纸笔测试虽然可以在一定程度上评估学生的知识水平，但其形式单一，无法激发学生的学习兴趣和积极性。很多学生在面对枯燥的考试形式时，会感到乏味和压力，甚至可能出现应试教育的现象。此外，单一的纸笔测试难以全面考查学生的实践能力、思维能力和创新能力，这些都是语文学科的重要组成部分。单一评价模式通常仅凭一次考试成绩来评定学生的学习效果，这种方式忽视了学生在学习过程中的进步和成长。考试成绩只能反映学生在某一特定时间点的表现，而不能体现其在整个学习过程中的努力和进步。这种评价结果片面，容易导致学生和教师都过于关注分数，而忽视了学习过程中积累的知识和能力的提升。仅凭一次考试成绩也难以反映学生在不同学习阶段的变化和发展，无法为教学改进提供全面和准确的依据。

（二）多维度评价对学生全面发展的促进作用

在评价学生学习的过程中应该采用多种评价方法，避免单一评价模式带来的评价结果的片面性。[1] 多维度评价体系的建立，可以有效克服单一评价模式的局限性，促进学生的全面发展。

多维度评价体系能够全面反映学生素质。多维度评价体系不仅关注知识的掌握情况，还注重学生的思维能力、创新能力和人文素养等方面的表现。通过多种

---

[1] 向佐军.整体任务问题式学习校本课程开发研究[M].武汉：华中师范大学出版社,2022：88.

评价方式，如项目评价、过程评价、合作学习评价等，可以全面反映学生的综合素质。例如，项目评价可以考查学生在实际操作中的能力，过程评价可以关注学生在学习过程中的进步和发展，合作学习评价则能够评估学生的团队合作能力和社会交往能力。这些多维度的评价方式能够全面反映学生在不同方面的表现，帮助教师更准确地了解学生的优点和不足，为其提供有针对性的指导和支持。多样化的评价方式还可以激发学生的学习兴趣和积极性，促进其主动参与和自主学习。例如，项目评价和合作学习评价可以让学生在实际操作和团队合作中感受到学习的乐趣，过程评价则能够帮助学生看到自己的进步和成长，增强学习的信心和动力。这些多样化的评价方式不仅能够激发学生的学习兴趣，还能促进其主动参与和自主学习，培养其独立思考和解决问题的能力。

多维度评价体系尊重学生的个性差异，通过多元化的评价指标和方式，能够发现和培养学生的兴趣和特长，促进其个性发展。例如，通过创意写作和文学创作比赛，可以发现和培养学生的写作才能，通过项目评价和实践活动，可以发现和培养学生的实践能力和创新能力。这些多维度的评价方式能够尊重学生的个性差异，发现和培养其兴趣和特长，促进其个性发展和全面成长。通过多维度评价体系，教师可以获得更全面、准确的反馈信息，及时调整教学策略和方法，提高教学质量。例如，通过项目评价和过程评价，教师可以了解学生在实际操作和学习过程中的表现，发现教学中存在的问题和不足，并进行有针对性的改进。通过合作学习评价，教师可以了解学生在团队合作和社会交往中的能力，调整教学方法，促进学生的全面发展。

三、评价体系的实施步骤

构建有效的评价体系是大学语文教学中的重要任务，它能够科学地反映学生的学习效果，并促进教学方法的改进和优化。为了实现这一目标，评价体系的实施需要科学合理的步骤，主要包括制定明确的评价目标、选择适当的评价工具和方法，以及实施评价并反馈改进。

（一）制订明确的评价目标

评价目标是评价体系的核心和基础，它决定了评价体系的方向和内容。制订明确的评价目标，是构建科学评价体系的第一步。

评价的对象需要明确界定是学生的知识掌握情况、思维能力、创新能力还是人文素养等。这一环节确保评价目标具体明确，有助于制订出针对性的评价标准和策略。比如，知识掌握情况的评价目标，可以具体到学生对某些语文基础知识点的记忆和理解程度；思维能力的评价目标，则可能包括学生在阅读和分析文本时所表现出来的批判性思维和逻辑推理能力；创新能力的评价目标，可以涉及学生在写作和表达中的独创性和创造力；人文素养的评价目标，则可能集中于学生对文化活动的参与度以及对道德价值观的认同和践行。

在确定评价标准时，需要依据课程目标和教学要求，制订科学合理的评价标准，确保评价的客观性和公正性。比如，基础知识的评价标准可以是正确率、准确性和完整性；思维能力的评价标准可以是分析深度、逻辑性和条理性；创新能力的评价标准可以是创意性、独特性和表达力；人文素养的评价标准可以是文化认同度、道德表现和社会参与度。这些标准的设定，应当具体明确，易于操作和实施。设定评价层次是为了根据学生的实际情况和发展需要，制订出不同层次的评价目标，如基本目标、提高目标和发展目标等，以确保评价具有针对性和层次性。比如，基本目标可以是学生对语文基础知识的掌握情况，提高目标可以是学生在分析和应用知识方面的能力，发展目标则可以是学生在创新和表达方面的能力以及对人文素养的提升。通过设定不同层次的评价目标，可以全面反映学生的学习情况，并为教学的改进提供依据。

（二）选择适当的评价工具和方法

评价工具和方法是实现评价目标的重要手段，选择适当的评价工具和方法，能够提高评价的有效性和可靠性。评价工具的多样化非常重要，根据评价目标和内容，选择合适的评价工具，如考试、测验、作业、论文、项目报告、演讲比赛等，确保评价工具的多样性和适用性。例如，考试和测验可以用于评价学生对基础知识的掌握情况，作业和论文可以用于评价学生在分析和应用知识方面的能力，项目报告可以用于评价学生在实际操作和综合应用方面的能力，演讲比赛可以用于评价学生的表达和沟通能力。这些评价工具各有侧重，可以全面反映学生的学习效果。

根据不同的评价工具，选择科学合理的评价方法，如定量评价和定性评价结合，过程评价和结果评价结合，自评、互评和教师评价结合等，确保评价方法的科学性和合理性。比如，定量评价可以通过分数和等级来评定学生的学习效果，定性评价可以通过评语和反馈来评定学生的学习态度和表现，过程评价可以关注学生在学习过程中的进步和努力，结果评价可以关注学生在期末考试和最终成绩中的表现，自评、互评和教师评价结合可以通过多角度、多维度的评价方式来全面反映学生的学习情况。根据教学实际和学生特点灵活运用多种评价方式，如形成性评价和终结性评价结合、线上线下评价结合等，确保评价方式的灵活性和创新性。比如，形成性评价可以通过平时作业、课堂表现、学习笔记等方式来进行，终结性评价可以通过期末考试、最终项目等方式来进行，线上评价可以通过在线测评、电子作业提交等方式来进行，线下评价可以通过课堂测试、面试答辩等方式来进行。这些评价方式的灵活运用，可以全面反映学生的学习情况，并为教学的改进提供依据。

（三）实施评价并反馈改进

评价的实施和反馈是评价体系的重要环节，科学实施评价并及时反馈改进，能够确保评价的有效性和持续改进。

根据评价计划和方案，严格按照评价标准和程序，规范实施评价，确保评价的公正性和权威性。例如，在进行考试和测验时，严格按照评分标准和评判细则进行评分；在进行论文和项目报告评价时，严格按照评价标准和评判细则进行评判；在进行课堂表现和学习笔记评价时，严格按照评价标准和评判细则进行记录。只有规范实施评价，才能确保评价结果的客观性和公正性。通过多种渠道和形式，及时向学生反馈评价结果，如成绩单、评语、面谈等，确保反馈的及时性和有效性。例如，在考试和测验后，及时向学生发放成绩单并进行评语反馈；在论文和项目报告评价后，及时与学生进行面谈并进行反馈；在课堂表现和学习笔记评价后，及时向学生进行口头反馈和书面评语。及时地反馈可以帮助学生了解自己的优点和不足，明确改进方向，提高学习效果。根据评价结果和反馈信息，分析教学中存在的问题和不足，及时调整和改进教学策略和方法，提高教学质量和效果。例如，通过分析考试和测验结果，发现学生在某些知识点上的薄弱环节，及时调整教学内容和方法；通过分析论文和项目报告评价结果，发现学生在思维能力和创新能力上的不足，及时调整教学方法和策略；通过分析课堂表现和学习笔记评价结果，发现学生在学习态度和学习习惯上的问题，及时进行引导和辅导。改进教学策略和方法可以帮助教师更好地满足学生的学习需求，促进学生的全面发展。

第二节　大学语文教学评价指标的优化

大学语文教学评价指标的优化，是提升教学质量、促进学生全面发展的关键环节。现行评价体系存在指标单一、过程性评价缺失等问题，无法全面反映学生的学习情况和发展需求。通过科学、全面、动态的评价体系设计，可以更有效地评估学生在知识掌握、阅读写作、思辨创新及学习态度等方面的表现，促进大学语文教学的整体提升和学生的综合素质培养。

一、现行评价指标的分析

（一）传统评价指标的优缺点

大学语文教学的传统评价指标主要依赖于知识的记忆与理解，通常通过考

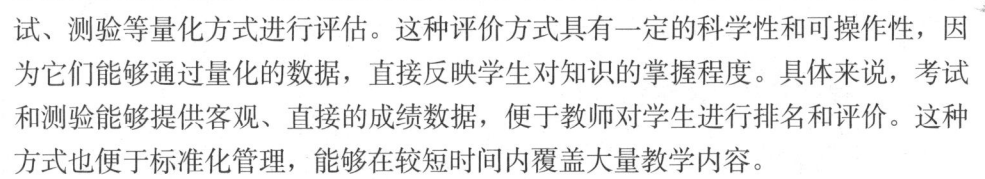

试、测验等量化方式进行评估。这种评价方式具有一定的科学性和可操作性，因为它们能够通过量化的数据，直接反映学生对知识的掌握程度。具体来说，考试和测验能够提供客观、直接的成绩数据，便于教师对学生进行排名和评价。这种方式也便于标准化管理，能够在较短时间内覆盖大量教学内容。

传统评价指标存在明显的不足。它们往往忽略了学生的思辨能力和创造力，重视记忆和理解而轻视应用和分析。这种方式导致学生在学习过程中，往往为了应付考试而进行机械性的学习，缺乏对知识的深度理解和灵活运用。此外，传统评价方法难以全面反映学生在阅读与写作能力、学习态度和参与度等方面的表现，导致评价结果的片面性。这种片面性不仅不利于学生综合素质的提升，也限制了教学改革和创新的推进。从长远来看，传统评价方法的这些不足，严重影响了大学语文教学的整体质量。它们不仅限制了学生的创造力和思辨能力的发展，也削弱了教学的互动性和启发性。因此，针对这些问题，亟须对现行评价指标进行优化和改进。

（二）常见问题与改进空间

在现行的大学语文教学评价体系中，常见问题包括评价指标单一、忽视过程性评价、难以体现学生的个性化发展和学习动态等。这些问题严重影响了大学语文教学的质量和效果。

评价指标单一主要表现为过分依赖终结性评价，缺乏对学习过程的关注。这种评价方式通常集中在期末考试、期中考试等终结性评价上，而对平时的学习过程、课堂参与度、课后作业完成情况等关注不足。这种单一的评价方式，容易导致学生为了考试而忽略平时的学习和积累，学习过程变得机械而乏味。过程性评价的缺失使得教师难以及时了解学生的学习进展和存在的问题，无法进行有效的教学调整。缺乏对学习过程的关注，导致教师在教学中难以发现学生的问题和需求，无法及时进行指导和帮助。这不仅影响了学生的学习效果，也限制了教师的教学灵活性和创造性。现行评价体系缺乏对学生个性化发展的关注，无法充分激发学生的学习兴趣和主动性。每个学生的学习背景、兴趣爱好和发展需求都不尽相同，单一的评价标准难以全面反映学生的个性化需求。这种缺乏个性化关注的评价体系，容易导致学生在学习过程中感到挫败和无助，进而影响学习积极性和主动性。

为了解决上述问题，优化大学语文教学评价指标显得尤为重要。通过构建科学、全面、动态的评价体系，不仅可以全面反映学生的知识掌握情况，还能评估学生的阅读与写作能力、思辨与创新能力以及学习态度和参与度，进而提升大学语文教学的整体质量。通过构建科学、全面、动态的评价体系，可以有效解决现行评价体系中的问题，提高大学语文教学的质量和效果。这不仅有助于全面评估学生的学习情况，还能促进学生的全面发展，提升他们的综合素质和能力。

二、优化评价指标的原则

通过遵循科学性与可操作性、全面性与针对性、动态性与发展性等原则，可以构建科学、全面、动态的大学语文教学评价体系（图5-2）。

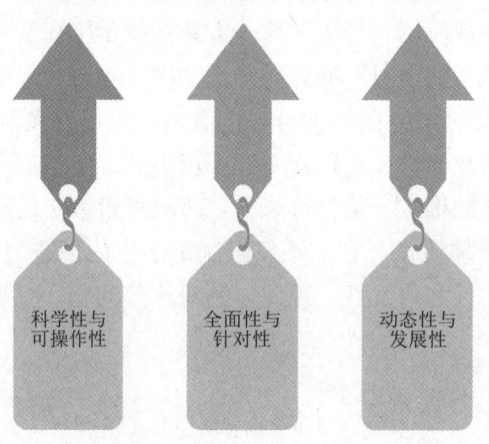

图5-2 优化评价指标的原则

（一）科学性与可操作性

优化大学语文教学评价指标的首要原则是科学性与可操作性。科学性要求评价指标能够客观、准确地反映学生的学习情况，并具有较高的信度和效度。信度指的是评价结果的可靠性，即在不同时间、不同情境下，评价结果的一致性和稳定性。效度则指的是评价方法是否真正衡量了所要评估的内容和目标。

要实现科学性，评价指标需要基于教育学、心理学等理论，确保其理论基础的坚实。通过运用科学的设计方法和工具，如调查问卷、测试题库等，能够提高评价指标的科学性和客观性。评价的内容和标准需要经过严格的验证和调整，以确保其能够准确反映学生的真实水平和能力。可操作性则要求评价指标便于实施，能够在实际教学中得到有效应用。这需要评价指标设计时充分考虑教学实践的实际需求和操作难度，确保教师能够方便地进行评估。例如，评价方法和工具应该简单易用，评价过程应该清晰明了，评价结果的解读和应用应该直观易懂。评价体系的构建应考虑到教师的工作量和学生的学习负担，避免过于复杂和烦琐的评价程序，以保证评价的可操作性和实用性。

（二）全面性与针对性

全面性要求评价体系能够覆盖学生学习的各个方面，包括知识掌握、能力培养、态度养成等。针对性则要求评价指标能够反映不同学生的个性化发展需求，针对不同的教学内容和学习目标进行具体化设计。

全面性要求评价体系不能局限于某一方面的评估，而是需要涵盖知识、能力、态度等多个层面。例如，在知识掌握方面，不仅要评估学生对基础知识的记忆和理解，还要考查他们对知识的应用和创新能力。在能力培养方面，不仅要关注学生的阅读与写作能力，还要重视他们的思辨与创新能力。在态度养成方面，则需要评价学生的学习态度、参与度和积极性等。针对性则要求评价指标能够根据不同学生的个性化需求进行设计。不同学生在学习背景、兴趣爱好、发展需求等方面存在差异，因此评价体系需要具备针对性，能够灵活调整以适应不同学生的特点。例如，对于基础较好的学生，评价可以侧重于高阶思维能力的考查，而对于基础较弱的学生，则可以更多关注其基础知识的掌握情况。评价内容和标准应根据不同教学内容和学习目标进行调整，确保评价结果的精准性和实用性。

（三）动态性与发展性

动态性强调评价的过程性和连续性。评价不应仅仅是对学习结果的评估，还应关注学习过程中的表现和变化。通过持续的过程性评价，教师可以及时了解学生的学习状态和存在的问题，进行有效的教学调整。例如，课堂观察、阶段性测验、课后作业等都是动态评价的重要手段，可以帮助教师跟踪学生的学习进展，及时提供反馈和指导。发展性则强调评价的前瞻性和促进性。评价不仅要反映学生当前的学习成果，还要关注他们的未来发展潜力。通过评价，教师可以发现学生的优势和不足，提供针对性的建议和支持，帮助学生不断改进和提升。例如，在评价阅读与写作能力时，不仅要考查学生当前的阅读理解和写作表达能力，还要关注他们在未来可能的发展方向，提供相应的指导和培训。

三、优化后的具体评价指标

优化后的评价指标能够客观、准确地反映学生的学习情况，全面评估学生的综合素质和能力，促进学生的持续发展。

（一）知识掌握情况

优化后的评价体系应包括基础知识与扩展知识两方面的内容。基础知识主要评估学生对大学语文课程中的基本概念、原理和方法的理解与掌握情况。扩展知识则评估学生在基础知识的基础上，对相关领域知识的拓展和延伸能力。

基础知识的评估可以通过期末考试、阶段性测验和课堂提问等方式进行。期末考试是对一个学期以来所学内容的全面评估，通过客观题、主观题等形式，考查学生对基本概念、原理和方法的理解和掌握情况。阶段性测验则可以在学期中定期进行，通过小测验、随堂测试等形式，及时了解学生的学习进度和掌握情况，发现问题并进行及时调整。课堂提问是教师在课堂上通过随机提问、互动问答等方式，考查学生对当天学习内容的理解和掌握情况，激发学生的学习积极性和参与度。扩展知识的评估则更侧重于考查学生对相关领域知识的拓展和延伸能力。通过阅读报告、专题讨论、研究项目等形式，鼓励学生在基础知识的基础上，主动进行深入学习和研究，拓展知识面，提高综合素质。例如，阅读报告可以要求学生阅读相关文献，撰写阅读心得，分享阅读体会，培养学生的阅读习惯和思辨能力。专题讨论则可以组织学生围绕某一主题进行讨论，激发学生的思维碰撞，培养学生的分析能力和表达能力。研究项目则可以让学生在教师的指导下，选择某一研究课题，进行深入调查和研究，培养学生的研究能力和创新能力。

（二）阅读与写作能力

优化后的评价指标还应包括阅读理解、分析与写作表达等方面的内容。阅读理解主要评估学生对各类文献的阅读能力，特别是对文献内容的理解和批判性思维能力。分析能力则评估学生对阅读材料的分析和解读能力，包括逻辑推理、观点表达等。写作表达评估学生的写作能力，包括语言表达、文章结构、观点陈述等。

阅读理解能力的评估可以通过阅读报告、文章分析、课堂讨论等方式进行。阅读报告要求学生对所阅读的文献进行总结和评析，考查学生对文献内容的理解和批判性思维能力。文章分析则要求学生对指定的文章进行详细分析，考查学生的逻辑推理能力和观点表达能力。课堂讨论可以通过教师提出问题，学生进行讨论的形式，考查学生对阅读材料的理解和分析能力，培养学生的思辨能力和表达能力。写作表达能力的评估则可以通过写作作业、写作比赛、论文评审等方式进行。写作作业是通过布置不同类型的写作任务，考查学生的语言表达能力、文章结构和观点陈述能力。写作比赛则可以通过组织写作比赛，激发学生的写作兴趣和创造力，发现和培养写作人才。论文评审可以通过要求学生撰写学术论文，进行论文评审，考查学生的学术写作能力和研究能力，培养学生的学术素养和创新能力。

（三）思辨与创新能力

批判性思维主要评估学生对问题的分析和评价能力，能够提出独立的见解和观点。创新思维则评估学生在解决问题时的创新意识和能力，包括提出新思路、新方法等。

批判性思维的评估可以通过课堂讨论、辩论赛、批判性思维训练等方式进行。课堂讨论可以通过教师提出问题，学生进行讨论，考查学生的分析能力和表达能力，培养学生的批判性思维能力。辩论赛则可以通过组织辩论赛，考查学生的逻辑思维能力和语言表达能力，激发学生的思辨能力和创造力。批判性思维训练可以通过设置批判性思维训练课程，进行系统的训练和评估，培养学生的批判性思维能力和创新能力。

创新思维的评估则可以通过项目设计、创新论文、创意展示等方式进行。项目设计可以通过让学生选择某一研究课题，进行深入调查和研究，考查学生的研究能力和创新能力。创新论文则可以通过要求学生撰写创新论文，进行论文评审，考查学生的创新思维和学术写作能力。创意展示可以通过组织创意展示活动，让学生展示自己的创意和作品，考查学生的创新能力和表达能力，激发学生的创造力和想象力。

（四）学习态度与参与度

优化后的评价体系应包括课堂参与、课外阅读与学习主动性等方面的内容。课堂参与主要评估学生在课堂上的表现，包括积极发言、参与讨论等。课外阅读评估学生在课外阅读相关文献和资料的情况。学习主动性则评估学生在学习过程中表现出的主动性和自觉性，包括课前预习、课后复习等。

课堂参与的评估可以通过课堂观察、课堂记录、教师评价等方式进行。课堂观察可以通过教师在课堂上观察学生的表现，记录学生的发言、讨论等情况，考查学生的课堂参与度和积极性。课堂记录可以通过教师记录学生的课堂表现，进行量化评估，考查学生的课堂参与情况。教师评价则可以通过教师对学生的课堂表现进行评价，考查学生的课堂参与度和积极性。课外阅读的评估可以通过阅读日志、阅读报告、教师评价等方式进行。阅读日志要求学生记录自己的课外阅读情况，包括阅读的书籍、阅读时间、阅读心得等，考查学生的课外阅读习惯和兴趣。阅读报告则要求学生撰写阅读报告，总结和评析所阅读的文献，考查学生的阅读理解和分析能力。教师评价可以通过教师对学生的课外阅读情况进行评价，考查学生的阅读兴趣和主动性。学习主动性的评估可以通过学习记录、学习报告、教师评价等方式进行。学习记录要求学生记录自己的学习过程和进展，包括课前预习、课后复习、作业完成等，考查学生的学习态度和主动性。学习报告则要求学生撰写学习报告，总结和反思自己的学习过程和成果，考查学生的学习能力和自我管理能力。教师评价可以通过教师对学生的学习过程和表现进行评价，考查学生的学习态度和主动性。

第三节　大学语文教学评价方式的优化

优化大学语文教学的评价方式是提升教学质量和促进学生全面发展的关键环节。评价方式的多样化和具体实施是优化评价体系的重要方面，通过结合形成性评价与终结性评价，自评、互评与教师评价，过程评价与结果评价，以及利用技术手段，构建一个科学、全面、动态的评价体系，从而有效评估学生的学习效果和综合素质，促进学生的持续发展。

一、评价方式的多样化

优化大学语文教学的评价体系是提升教学质量和促进学生全面发展的关键。通过多样化的评价方式，能够全面反映学生的学习情况，对其提供科学的指导和帮助，促进学生的持续进步与发展。

（一）形成性评价与终结性评价结合

形成性评价指对学生日常学习过程中的表现、所取得的成绩以及所反映出的情感、态度、策略等方面的发展做出的评价。❶形成性评价注重过程，通过课堂提问、讨论、随堂测验、作业等方式，及时了解学生的学习进展和存在的问题，进行有效的教学调整。终结性评价则注重结果，通过期末考试、阶段性测验等方式，全面评估学生的学习效果。

形成性评价的优点在于能够及时发现和解决学生的学习问题，帮助教师调整教学策略，提高教学效果。通过形成性评价，教师可以了解学生在学习过程中的表现，及时进行指导和帮助，促进学生的持续发展。例如，课堂提问和讨论能够激发学生的学习兴趣和思维能力，随堂测验能够及时检查学生的知识掌握情况，作业能够巩固和深化学生的学习成果。

课堂提问作为一种常见的形成性评价手段，能够及时检测学生对知识的理解程度。教师可以在课堂上提出开放性问题，鼓励学生发表自己的见解，并进行深入讨论。这种方式不仅可以检验学生的即时理解情况，还能激发学生的思考与互动，提高课堂参与度。随堂测验是一种高效的形成性评价工具，可以在短时间内检验学生对所学内容的掌握情况。通过设计简短的测验题目，教师可以快速了解学生的学习进展，发现共性问题，并及时调整教学策略。例如，在完成某一章节的教学后，教师可以安排一份随堂测验，涵盖关键知识点，确保学生在掌握基础知识的同时，能够进行有效的知识运用。作业作为形成性评价的重要组成部分，可以帮助学生巩固课堂所学，进行深度思考和应用。教师在布置作业时，应注重作业内容的多样性和挑战性，既要包括基础知识的练习，也要涵盖开放性、探究性的问题，促进学生的全面发展。例如，教师可以布置阅读报告、主题作文等形式的作业，鼓励学生在完成作业过程中进行自主学习和思考。

终结性评价的优点在于能够全面评估学生的学习效果，通过量化的数据反映

---

❶ 苏秋萍，李运福. 现代教育技术 [M]. 西安：西安交通大学出版社，2021：205.

学生的学习水平和能力。期末考试和阶段性测验可以对一个学期或一个阶段的学习成果进行综合评估，发现学生的优势和不足，为后续的教学提供依据。终结性评价结果的量化数据，能够为教学管理和质量监控提供科学依据。期末考试作为一种传统的终结性评价手段，通过全面、系统的测试，能够综合反映学生在整个学期的学习成果。教师可以设计多样化的题型，包括选择题、填空题、简答题和论述题等，全面考查学生的知识掌握情况和应用能力。例如，语文期末考试可以涵盖文学常识、阅读理解、作文等多方面内容，确保评价的全面性和科学性。阶段性测验可以在学期中进行，通过检测某一阶段的学习效果，帮助教师及时调整教学策略，改进教学方法。教师可以根据教学进度，设计阶段性测验题目，重点考查学生对核心知识点的理解和应用能力。例如，在完成现代文学部分的教学后，教师可以安排一份阶段性测验，检测学生对相关文学作品和理论的掌握情况，及时发现和解决学习中的问题。

形成性评价与终结性评价的结合，能够实现评价的全面性和科学性。通过形成性评价，及时了解学生的学习动态，进行过程性指导和调整；通过终结性评价，全面评估学生的学习效果，提供量化数据支持。两者相结合，能够全面反映学生的学习情况，提升教学质量和效果。

（二）自评、互评与教师评价结合

通过自我反思和总结，发现自己的优势和不足，明确学习目标和改进方向。互评是学生之间的相互评价，通过交流和讨论，发现问题和改进建议，促进相互学习和共同进步。教师评价是教师对学生的学习情况进行评价，通过专业的指导和反馈，帮助学生提升学习效果和综合素质。自评的优点在于能够培养学生的自我反思和自我管理能力，通过自我评价，学生可以发现自己的学习问题，进行自我调整和改进，提升学习效果。例如，学生可以通过撰写学习日志、填写自评表等方式，记录和反思自己的学习过程，总结经验和教训，制订改进计划。

学习日志是一种有效的自评工具，学生可以通过记录每日的学习内容、学习心得和问题，进行自我反思和调整。教师可以定期检查学生的学习日志，给予反馈和建议，帮助学生不断改进学习方法，提高学习效果。自评表是另一种常见的自评工具，学生可以通过填写自评表，对自己在某一阶段的学习情况进行评价。教师可以设计详细的自评表格，涵盖学习态度、学习方法、知识掌握情况等多个方面，帮助学生进行全面的自我评估。例如，在完成一篇文学作品的学习后，教师可以让学生填写自评表，反思自己的学习过程和成果，制订下一步的学习计划。

互评的优点在于能够促进学生之间的相互学习和共同进步，通过相互评价，学生可以发现彼此的优点和不足，交流学习经验和方法，促进共同进步。例如，学生可以通过小组讨论、互评作业等方式，进行相互评价和反馈，激发学习兴趣和动力，提升学习效果。

小组讨论是一种常见的互评形式，学生可以通过分组讨论某一主题，交流各自的观点和看法。教师可以设计讨论题目，指导学生进行深入讨论，并进行评价和反馈。例如，在学习一篇现代文学作品时，教师可以组织学生分组讨论作品的主题、情节和人物形象，促进学生之间的相互学习和思维碰撞。互评作业是一种高效的互评工具，学生可以通过互评作业，了解彼此的学习情况和作业表现，进行反馈和建议。教师可以设计详细的互评表格，指导学生进行客观、公正的评价，促进学生之间的相互学习和共同进步。例如，在完成一篇作文后，教师可以让学生进行互评，通过互相打分和评语，发现和改进自己的写作问题，提高写作能力。

教师评价的优点在于能够提供专业的指导和反馈，通过教师的评价和指导，学生可以发现学习中的问题，获得改进建议和帮助，提升学习效果和综合素质。例如，教师可以通过课堂观察、批改作业、面谈辅导等方式，对学生进行评价和指导，帮助学生解决学习中的困难，提升学习效果。课堂观察是一种常见的教师评价方式，教师可以通过观察学生的课堂表现，了解学生的学习态度和参与情况。教师可以记录学生的发言、讨论和互动情况，给予及时的反馈和建议，帮助学生改进学习方法，提高学习效果。批改作业是另一种重要的教师评价方式，教师可以通过批改学生的作业，了解学生的知识掌握情况和学习效果。教师可以在批改作业时，给予详细的评语和建议，帮助学生发现和改进问题，提升学习效果。面谈辅导是一种深度的教师评价方式，教师可以通过与学生面对面交流，了解学生的学习情况和存在的问题，提供针对性的指导和帮助。例如，教师可以定期安排与学生的面谈，了解学生的学习进展和困惑，提供个性化的建议和指导，帮助学生解决学习中的问题，提高学习效果。

通过自评，培养学生的自我反思和自我管理能力；通过互评，促进学生之间的相互学习和共同进步；通过教师评价，提供专业的指导和反馈，帮助学生提升学习效果和综合素质。三者相结合，能够全面反映学生的学习情况，促进学生的全面发展。

（三）过程评价与结果评价结合

过程评价注重学习过程，通过课堂提问、讨论、随堂测验、作业等方式，及时了解学生的学习进展和存在的问题，进行有效的教学调整。结果评价则注重学习结果，通过期末考试、阶段性测验等方式，全面评估学生的学习效果。

过程评价的优点在于能够及时发现和解决学生的学习问题，帮助教师调整教学策略，提高教学效果。通过过程评价，教师可以了解学生在学习过程中的表现，及时进行指导和帮助，促进学生的持续发展。例如，课堂提问和讨论能够激发学生的学习兴趣和思维能力，随堂测验能够及时检查学生的知识掌握情况，作业能够巩固和深化学生的学习成果。课堂提问是一种常见的过程评价手段，能够及时检测学生对知识的理解程度。教师可以在课堂上提出开放性问题，鼓励学生发表自己的见解，并进行深入讨论。这种方式不仅可以检验学生的即时理解情况，还能激发学生的思考与互动，提高课堂参与度。随堂测验是一种高效的过程评价工具，可以在短时间内检验学生对所学内容的掌握情况。通过设计简短的测验题目，教师可以快速了解学生的学习进展，发现共性问题，并及时调整教学策略。例如，在完成某一章节的教学后，教师可以安排一份随堂测验，涵盖关键知识点，确保学生在掌握基础知识的同时，能够进行有效的知识运用。作业作为过程评价的重要组成部分，可以帮助学生巩固课堂所学，进行深度思考和应用。教师在布置作业时，应注重作业内容的多样性和挑战性，既要包括基础知识的练习，也要涵盖开放性、探究性的问题，促进学生的全面发展。例如，教师可以布置阅读报告、主题作文等形式的作业，鼓励学生在完成作业过程中进行自主学习和思考。

结果评价的优点在于能够全面评估学生的学习效果，通过量化的数据反映学生的学习水平和能力。期末考试和阶段性测验可以对一个学期或一个阶段的学习成果进行综合评估，发现学生的优势和不足，为后续的教学提供依据。结果评价结果的量化数据，能够为教学管理和质量监控提供科学依据。期末考试作为一种传统的结果评价手段，通过全面、系统的测试，能够综合反映学生在整个学期的学习成果。教师可以设计多样化的题型，包括选择题、填空题、简答题和论述题等，全面考查学生的知识掌握情况和应用能力。例如，语文期末考试可以涵盖文学常识、阅读理解、作文等多方面内容，确保评价的全面性和科学性。阶段性测验可以在学期中进行，通过检测某一阶段的学习效果，帮助教师及时调整教学策略，改进教学方法。教师可以根据教学进度，设计阶段性测验题目，重点考查学生对核心知识点的理解和应用能力。例如，在完成现代文学部分的教学后，教师可以安排一份阶段性测验，检测学生对相关文学作品和理论的掌握情况，及时发现和解决学习中的问题。

二、评价方式的具体实施

通过不同的评价方式，教师可以全面了解学生的学习情况，激发学生的学习兴趣和潜力，提供针对性的指导和帮助，促进学生的全面发展。

（一）课堂提问与讨论评价

课堂提问与讨论评价是优化评价体系的重要方式，通过提问和讨论，激发学生的学习兴趣和思维能力，促进学生的全面发展。

课堂提问评价的实施可以通过教师在课堂上随机提问、引导学生回答问题的方式进行。教师可以根据教学内容，设计一系列问题，通过提问的方式，了解学生对知识的掌握情况和思维能力的表现。例如，在讲解一篇古诗词时，教师可以提问学生对诗词内容的理解、诗句的赏析、诗人情感的体会等，通过提问，激发学生的思维，检验学生的学习效果。课堂讨论评价的实施可以通过教师组织学生进行小组讨论、全班讨论等方式进行。教师可以根据教学内容，设计一系列讨论题目，通过讨论的方式，促进学生的交流和思考。例如，在讲解一篇现代文时，教师可以组织学生进行小组讨论，让学生在讨论中发表自己的见解，互相启发，共同探讨文章的主题、情节、人物等，通过讨论，培养学生的分析能力和表达能力。

课堂提问与讨论评价的优点在于能够激发学生的学习兴趣和思维能力，促进学生的全面发展。通过提问和讨论，学生可以主动思考、积极发言，提升学习效果和综合素质。同时，教师可以通过提问和讨论，及时了解学生的学习情况，进行有效的指导和帮助，提升教学质量和效果。

（二）作业与论文评价

作业与论文评价是优化评价体系的重要方式，通过作业和论文，巩固和深化学生的学习成果，提升学生的写作能力和研究能力。

作业评价的实施可以通过教师布置不同类型的作业，如阅读报告、写作作业、课后练习等，考查学生的学习效果和写作能力。教师可以根据教学内容，设计一系列作业，通过作业的方式，巩固和深化学生的学习成果。例如，在讲解一篇现代文时，教师可以布置写作作业，让学生撰写阅读报告，分析和评析文章的主题、情节、人物等，通过写作作业，提升学生的写作能力和分析能力。阅读报告是一种有效的作业形式，学生通过阅读相关文献、资料，撰写报告，表达对阅读内容的理解和评价。教师可以要求学生在阅读报告中总结文章的主要内容，分析作者的观点和论据，提出自己的见解和评价。这不仅能考查学生的阅读理解能力，还能培养学生的批判性思维和写作能力。论文评价的实施可以通过教师要求学生撰写学术论文、进行论文评审等方式，考查学生的研究能力和学术素养。教师可以根据教学内容，设计一系列研究课题，通过论文的方式，培养学生的研究能力和创新能力。例如，在讲解一篇古代文学作品时，教师可以布置论文作业，让学生选择一个研究课题，进行深入调查和研究，撰写学术论文，通过论文评审，提升学生的研究能力和学术素养。学术论文要求学生在完成相关文献阅读和研究的基础上，提出自己的研究问题和观点，通过系统的论证和分析，形成完整的学术文章。教师可以通过论文评审，了解学生的研究能力和学术水平，给予详细的评语和建议,帮助学生提高研究能力和学术素养。作业与论文评价的优点在于能够巩固和深化学生的学习成果,提升学生的写作能力和研究能力。通过作业和论文,学生可以巩固和深化所学知识,提升写作能力和研究能力。教师可以通过作业和论文,了解学生的学习情况和研究能力,进行有效的指导和帮助,提升教学质量和效果。

(三)小组项目与展示评价

小组项目与展示评价是优化评价体系的重要方式,通过小组项目和展示,培养学生的团队合作能力和表达能力,提升学生的综合素质。小组项目评价的实施可以通过教师组织学生进行小组合作,完成一个项目任务的方式进行。教师可以根据教学内容,设计一系列项目任务,通过小组合作的方式,培养学生的团队合作能力和创新能力。例如,在讲解一篇现代文时,教师可以布置小组项目,让学生以小组为单位,进行主题研究、资料收集、项目设计等,通过小组合作,完成一个项目任务,培养学生的团队合作能力和创新能力。在小组项目中,学生需要分工合作,进行资料收集、数据分析、项目设计等各项工作。教师可以通过项目任务的设计,鼓励学生在项目中发挥各自的特长,提升团队的整体合作能力和创新能力。例如,在研究某一文学主题时,学生可以分工进行文献综述、案例分析、数据统计等工作,最终形成完整的项目报告。

展示评价的实施可以通过教师组织学生进行项目展示、成果汇报等方式进行。教师可以根据教学内容,设计一系列展示任务,通过展示的方式,培养学生的表达能力和展示能力。例如,在完成一个小组项目后,教师可以组织学生进行项目展示,让学生以小组为单位,展示项目成果,汇报研究过程,通过展示,培养学生的表达能力和展示能力。项目展示不仅是对学生研究成果的展示,也是对学生表达能力的考查。教师可以通过项目展示,了解学生的表达能力和展示技巧,给予具体的评价和建议。例如,在展示文学作品研究成果时,学生需要在有限的时间内,清晰、简洁地汇报研究内容和结论,展示项目成果,锻炼自己的表达能力和自信心。

小组项目与展示评价能够培养学生的团队合作能力和表达能力,提升学生的综合素质。通过小组项目和展示,学生可以在团队合作中,提升团队合作能力和创新能力,在项目展示中,提升表达能力和展示能力。同时,教师可以通过小组项目和展示,了解学生的团队合作能力和表达能力,进行有效的指导和帮助,提升教学质量和效果。

(四)在线测评与即时反馈

在线测评的实施可以通过教师利用在线测评工具,设计和发布在线测评任务，考查学生的学习效果。教师可以根据教学内容，设计一系列在线测评任务，通过在线测评工具，发布和管理测评任务，实时了解学生的学习情况和测评结果。例如，在讲解一篇现代文时，教师可以利用在线测评工具，设计和发布在线测评任务，通过在线测评，考查学生的阅读理解和分析能力，及时了解学生的学习情况和测评结果。在线测评工具的优势在于其便捷性和实时性，教师可以通过这些工具快速设计和发布测评任务，学生可以随时随地参与测评，教师可以实时查看和分析测评结果。例如，教师可以利用在线测评工具设计选择题、填空题和简答题，全面考查学生对文章的理解和分析能力，通过在线测评的结果，及时调整教学内容和方法。

即时反馈的实施可以通过教师利用即时反馈工具，实时反馈学生的学习表现和测评结果，提供指导和帮助。教师可以根据在线测评的结果，利用即时反馈工具，实时反馈学生的学习表现和测评结果，提供针对性的指导和帮助。例如，在进行在线测评后，教师可以利用即时反馈工具，实时反馈学生的测评结果，提供改进建议和指导，帮助学生提升学习效果和综合素质。即时反馈工具的优势在于其及时性和个性化，教师可以根据测评结果，立即向学生反馈学习表现和改进建议，帮助学生及时发现和解决学习中的问题。例如，教师可以利用即时反馈工具，向学生发送个性化的学习建议和改进计划，帮助学生针对性地提升学习效果。

在线测评与即时反馈能够提升评价的效率和效果，促进学生的持续发展。通过在线测评，教师可以实时了解学生的学习情况和测评结果，进行有效的指导和帮助。通过即时反馈，教师可以实时反馈学生的学习表现和测评结果，提供针对性的指导和帮助，促进学生的持续发展。

三、技术手段在评价中的应用

在现代教育中，技术手段的应用已成为优化教学评价体系的重要途径。在线测评工具、数据分析与智能反馈系统以及学习管理系统中的评价模块，都是提升教学效率和效果的关键工具。通过这些技术手段，教师不仅可以实时了解学生的学习情况，还能提供个性化的指导和帮助，确保评价的科学性和全面性。

（一）在线测评工具的选择与使用

在线测评工具是优化评价体系的重要技术手段，通过在线测评工具，教师可以设计和发布在线测评任务，实时了解学生的学习情况和测评结果，提升评价的效率和效果。在线测评工具的选择和使用直接影响评价的质量和效果，因此，需要从功能性、操作性和稳定性等方面进行综合考量。

功能性是选择在线测评工具的首要考虑因素。一个优秀的在线测评工具应能够支持多种测评题型，如选择题、填空题、简答题等，满足不同测评需求。此外，还应具备自动评分、结果分析、数据导出等功能，方便教师进行测评结果的统计和分析。例如，一些先进的在线测评工具可以自动生成测评报告，帮助教师快速了解学生的整体表现和个体差异。操作性则要求在线测评工具操作简单、易于使用，教师和学生都能够方便地进行测评任务的设计和完成。教师在使用测评工具时，应能够快速创建和发布测评任务，学生在参与测评时，应能够顺利完成各类测评题目，而不会因为操作复杂而影响测评体验和效果。例如，用户界面友好、操作流程简便的在线测评工具，能够大大提高教师和学生的使用积极性和满意度。稳定性也是选择在线测评工具的重要标准。一个高质量的在线测评工具应能够稳定运行，不会出现卡顿、崩溃等问题，确保测评任务的顺利进行。特别是在大规模测评时，系统的稳定性尤为重要。教师应选择经过实践检验、用户评价较高的在线测评工具，确保其在实际使用中的稳定性和可靠性。

在线测评工具的使用需要注重测评任务的设计和管理。教师在设计测评任务时，应根据教学内容，设计科学合理的测评题目，确保测评任务能够全面考查学生的学习效果。例如，在设计语文课程的在线测评时，可以结合课文内容，设置一些理解性问题、分析性问题，甚至创作性问题，全面评估学生的阅读理解和表达能力。管理测评任务时，教师应合理安排测评时间和频次，确保学生能够在规定时间内完成测评任务。同时，教师应实时监控测评任务的进展，及时发现和解决问题，确保测评任务的顺利进行。例如，教师可以在测评过程中设置多个阶段性测评，及时了解学生的学习进展，并根据测评结果进行教学调整。

（二）数据分析与智能反馈系统的应用

数据分析与智能反馈系统是优化评价体系的重要技术手段，通过数据分析与智能反馈系统，教师可以实时分析学生的学习数据，提供个性化的指导和帮助，提升评价的科学性和实效性。

数据分析系统的应用可以帮助教师实时分析学生的学习数据，发现学生的学习问题和改进空间。教师可以利用数据分析系统，分析学生的测评结果、学习记录、作业表现等数据，了解学生的学习情况和存在的问题，为后续的教学提供科学依据。例如，通过分析学生的在线测评结果，教师可以发现学生在某些知识点上的掌握情况和存在的问题，针对性地调整教学策略，提高教学效果。数据分析系统不仅可以处理大量的学生学习数据，还可以生成各种图表和报告，帮助教师直观地了解学生的学习情况。例如，通过数据分析系统，教师可以生成学生成绩分布图、学习进步曲线、知识点掌握情况图等，全面了解学生的学习表现。这些数据分析结果，可以为教师提供科学的教学决策支持，帮助教师优化教学内容和方法，提高教学效果。

智能反馈系统的应用可以帮助教师实时反馈学生的学习表现和测评结果，提供个性化的指导和帮助。教师可以利用智能反馈系统，根据学生的学习数据，提供个性化的学习建议和指导，帮助学生提升学习效果和综合素质。例如，通过智能反馈系统，教师可以根据学生的测评结果，提供针对性的改进建议和学习资源，帮助学生解决学习中的问题，提升学习效果。智能反馈系统不仅可以自动生成个性化的学习建议，还可以根据学生的学习进度和表现，调整学习计划和目标。例如，智能反馈系统可以根据学生的测评结果，建议学生加强某些知识点的学习，提供相应的学习资源和练习题目，帮助学生巩固和提高学习效果。智能反馈系统还可以根据学生的学习进展，及时调整学习计划和目标，确保学生的学习进度和效果。

（三）学习管理系统中的评价模块应用

学习管理系统中的评价模块可以支持多种评价方式，如在线测评、作业提交、课堂表现记录等，满足不同评价需求。教师可以利用学习管理系统中的评价模块，设计和发布评价任务，实时了解学生的学习情况和评价结果，进行有效的指导和帮助。例如，教师可以通过学习管理系统中的评价模块，发布在线测评任务，记录和分析学生的测评结果，提供针对性的指导和帮助。学习管理系统中的评价模块还可以支持评价结果的综合分析和反馈，提升评价的系统性和科学性。教师可以利用学习管理系统中的评价模块，综合分析学生的学习数据，发现学生的学习问题和改进空间，提供科学的指导和帮助。例如，教师可以通过学习管理系统中的评价模块，综合分析学生的测评结果、作业表现、课堂表现等数据，全面了解学生的学习情况，为后续的教学提供科学依据。学习管理系统中的评价模块还可以支持个性化的评价和反馈。教师可以根据学生的学习情况，提供个性化的评价和反馈，帮助学生提升学习效果和综合素质。例如，教师可以通过学习管理系统中的评价模块，针对学生的测评结果和学习表现，提供个性化的改进建议和学习资源，帮助学生解决学习中的问题，提升学习效果。

通过学习管理系统中的评价模块，教师可以全面管理和评估学生的学习情况，提升评价的系统性和科学性。这不仅可以帮助学生全面了解自己的学习表现，还可以促进学生的持续发展和全面进步。

参考文献

[1] 毛华中. 大学语文教学实践的多视角研究[M]. 长春：吉林人民出版社，2022.
[2] 邓钗. 互联网时代大学语文教学策略创新研究[M]. 北京：九州出版社，2021.
[3] 张冰洋. 大学语文教学理论与实践[M]. 延吉：延边大学出版社，2023.
[4] 许贝. 大学语文教学与创新实践[M]. 哈尔滨：北方文艺出版社，2023.
[5] 娄博，李改婷. 大学语文教学研究[M]. 长春：吉林教育出版社，2021.
[6] 梁美亚. 大学语文教学理论与创新实践研究[M]. 长春：吉林人民出版社，2023.
[7] 陈娜娜，田冬景. 大学语文教学与学生写作能力培养研究[M]. 长春：吉林人民出版社，2023.
[8] 方澍. 构建多维一体的大学语文教学体系[J]. 新教育时代电子杂志（学生版），2021(18)：298.
[9] 孙元元. 文化自信视域下大学语文教学改革路径探究[J]. 品位·经典，2023(16)：141–143.
[10] 程小柏. 新文科建设视野下的大学语文教学革新[J]. 成才，2023(8)：125–126.
[11] 吉四梅. 基于职业能力培养的大学语文教学模式创新策略[J]. 山西青年，2022(7)：39–41.
[12] 刁茜媛. 翻转课堂在大学语文教学中的价值和实施[J]. 课外语文，2021(15)：43–44.
[13] 王魏. 大学语文教学现状及其改善对策[J]. 科教导刊，2019(22)：120–121.
[14] 王萌. 新时期大学语文的教学理论与策略研究[J]. 智库时代，2021(6)：212–213.
[15] 陈霓. 课程思政导向下大学语文教学改革策略研究[J]. 吉林广播电视大学学报，2021(2)：98–100.
[16] 方盛汉. 大学语文教学探微[J]. 安庆师范大学学报（社会科学版），2019，38(5)：116–117，128.
[17] 侯丹. 大学语文教学改革初探[J]. 吉林广播电视大学学报，2020(11)：

149–150.

[18] 廖春艳．翻转课堂在大学语文教学改革中的影响与创新[J].课外语文，2020(34)：91–92.

[19] 徐建南．网络环境下的大学语文教学模式探究[J].卷宗，2020,10(31)：310，312.

[20] 刘陈．大学语文教学弘扬中华传统文化之我见[J].读与写，2020,17(25)：2.

[21] 孙文娟．浅谈大学语文教学与大学生人文素养培育[J].今天，2020(20)：29，35.

[22] 陈彦芳．翻转课堂在大学语文教学改革中的影响与创新[J].今天，2020(20)：11，13.

[23] 李淑英．"大文学观"与大学语文教学的文化取向[J].开封文化艺术职业学院学报，2020,40(10)：100–101.

[24] 徐茂成．论大学语文教学方法的创新[J].课外语文，2018(25)：9.

[25] 赵婷婷．现代信息技术背景下大学语文教学体系建构[J].中小企业管理与科技，2020(4)：111–112.

[26] 高璐．人文素质教育在大学语文教学中的实践探讨[J].教育教学论坛，2023(33)：109–112.

[27] 赵青．大学语文教学模式的探索与实践[J].山西青年，2018(21)：86–87.

[28] 李丽芬．大学语文教学应加强创造性思维培养[J].科学周刊，2023(27)：3–5.

[29] 宋瑞，杨晓玉．大学语文教学内容和课程体系建设研究[J].科学咨询，2023(24)：79–81.

[30] 于宏凯．大学语文教学模式的改革路径[J].课程教育研究，2018(18)：23.

[31] 田会云．大学语文教学设计特点及实施措施探究[J].文化创新比较研究，2020,4(1)：91–92.

[32] 肖独伊，李明清．"翻转课堂"在大学语文教学中的创新应用[J].教育现代化，2019(76)：170–172，181.

[33] 刘纪．大学语文教学中如何渗透思政教育的探索与研究[J].新教育时代电子杂志(教师版)，2019(42)：143.

[34] 魏存礼．新媒体时代下大学语文教学实践探索[J].科教导刊(电子版)，2019(31)：154.

[35] 王晓乐．浅谈大学语文教学与大学生人文素养的培养[J].读天下，2019(28)：164.

[36] 程平．微课与大学语文教学[J].湖北师范学院学报(哲学社会科学版)，2016,36(2)：126–128.

[37] 盖丽娜. 关于大学语文教学存在问题的探索[J]. 智库时代, 2020(29): 227.

[38] 鄢赢. 大学语文教学中学生审美鉴赏能力的培养[J]. 卷宗, 2019,9(15): 200.

[39] 耿玉芳. 儒家文化视域下的大学语文教学价值取向研究[J]. 现代教育科学, 2019(11): 81–85.

[40] 李洪义. 大学语文教学如何营造和谐氛围[J]. 现代农村科技, 2020(12): 71–72.

[41] 王蓓, 周路红, 薛芳芸. 文化自信如何融入中医院校大学语文教学[J]. 中国中医药现代远程教育, 2022,20(17): 23–25.

[42] 张蕾. 试析网络环境下大学语文的教学改革[J]. 课外语文, 2019(9): 124, 126.

[43] 代娜. 基于人文性视角的大学语文教学改革[J]. 吉林广播电视大学学报, 2019(8): 63–64.

[44] 王纯. "翻转课堂"模式在大学语文教学中的应用[J]. 内江科技, 2022,43(12): 58–59.

[45] 赵志新. 就业能力导向下的大学语文教学探究[J]. 湖南工业职业技术学院学报, 2019,19(6): 83–86.

[46] 张全亮. 关于学科融合下大学语文教学团队建设的探究[J]. 长江丛刊, 2019(4): 70, 72.

[47] 王念益. 大学语文教学中学生审美鉴赏能力的培养[J]. 现代职业教育, 2019(2): 227.

[48] 陈洁. 新时期大学语文教学改革的意义与创新分析[J]. 佳木斯职业学院学报, 2019(2): 127, 129.

[49] 张丽芳, 邹子贤. 大学语文教学现状及生成性教学模式探析[J]. 新时代职业教育, 2019(1): 22–23, 28.

[50] 朱艳阳. 信息化时代的大学语文教学探究[J]. 教育教学论坛, 2017(33): 177–178.

[51] 程媛, 李素梅. 论大学语文教学实质与功能[J]. 时代人物, 2020(1): 164–165.

[52] 张宁, 杨柳, 王义杰. 以创新创业为导向的大学语文教学内容与实践模式改革研究[J]. 山西青年, 2021(10): 1–2.

[53] 李文凡. 大学语文教学途径改革研究[J]. 现代职业教育, 2017(29): 73.

[54] 谢军. "大学语文"教学对策探究[J]. 淮北职业技术学院学报, 2018,17(5): 49–50.

[55] 吴君梅. 大学语文教学困境及解决途径研究[J]. 阜阳职业技术学院学报, 2017,28(3): 38–40.

[56] 杨雪. 大学语文教学在大学生人格塑造中的作用[J]. 教育，2021(22)：90–91.

[57] 农福庞. 谈谈大学语文教学中的审美教育[J]. 科教导刊(电子版)，2019(29)：171.

[58] 廖小春. 基于多元智能理论的大学语文教学创新[J]. 文学教育，2018(31)：62–63.